保育園・幼稚園・児童教育のた

保育・教育の現場で使える！
弾き歌いピアノ曲集

はじめに

　保育の中でピアノは、子どもが歌を好きになる大切な役割を果たしています。保育者の弾くピアノの音色に惹きつけられて子ども達も歌う楽しさや喜びを味わうことができるでしょう。

　初めは楽譜を追いかけるのが精いっぱいで、子どもの歌う表情を見ながらピアノを弾く余裕などないかもしれません。もしかしたら途中で間違えて止まってしまうかもしれない、などという恐怖心と闘いながらピアノを弾いている人もたくさんいると思います。

　本書では、保育の現場でよく歌われる曲を選び、初心者でも少し練習すれば弾けるアレンジをしています。またオリジナルの弾きうたい曲や行進曲も掲載しています。ブルグミュラーを終えたくらいの人であれば、子どもの歌う表情を見ながら伴奏することもできるでしょう。またコードネームを付けていますので物足りない人は、伴奏を考えて自由に弾いてください。練習をするときに気をつけてほしいことを3点挙げます。

　一つ目は、音を間違えても止まったり弾き直したりしないでください。実際に子どもの目の前で弾くことを想像してください。子どもはピアノの音が違っていてもお構いなしにどんどん歌い続けます。音楽の流れに乗ることが大切なのです。一つ一つの音を正確に弾くという練習は大切ですが、音楽の流れを止めないことは、それ以上に大切なことです。

　二つ目は、やわらかいタッチ（触鍵）を心がけてください。間違っても子どもの歌う声に負けまいとフォルテシモ（*ff*）でピアノの鍵盤を叩かないでください。特に歌の伴奏をする時は、子どもの自然な声の響きに寄り添うようなピアノの音色を目指してください。自分の弾いた音の音量や音色を、練習の時に意識するだけで音色は変わっていくと信じて、最高の音色を目指してください。

　三つ目は、息を吸ってください。歌の伴奏ではテンポ通りに弾くだけでなく、ブレスの位置で少し待ってあげることが大切です。機械的に弾くのではなく、歌を感じながら、子どものブレスに合わせて、息を吸ってタイミングをはかってください。きっと歌いやすい伴奏になると思います。もちろん弾き歌いにも挑戦してください。みなさんの奏でるピアノの音色が子どもの豊かな歌声をはぐくんでいくことを祈ります。

☆前奏の無い曲は、曲の終わり2小節もしくは4小節を前奏として弾くと良いでしょう。

桑原章寧・津布楽杏里

もくじ

●生活のうた／朝●

曲目	作詞／作曲	
朝のうた	増子とし／本多鉄麿	6
１・２の３のごあいさつ	藤 公之介／小林亜星	8
うるわしき朝も	こども賛美歌より	7
おはようのうた	田中忠正／河村光陽	10
おはようの歌	高 すすむ／渡辺 茂	11
夜が明けた	岡本敏明／フランス民謡	22

●生活のうた／おべんとう●

お昼のうた	つぶらくあんり	12
おべんとう	天野 蝶／一宮道子	14
日々のかてを（食前のうた）	賛美歌より	15

●生活のうた／お昼寝●

子もり歌	野上 彰／團 伊玖磨	16
シューベルトの子守歌	内藤 濯（訳詞）／F. シューベルト	17
中国地方の子守歌	中国地方民謡／山田耕筰	18
眠りの精	堀内敬三（訳詞）／ドイツ民謡・J. ブラームス	19
ブラームスの子守歌	武内俊子／J. ブラームス	20
モーツァルトの子守歌	堀内敬三（訳詞）／B. フリース	21
ゆりかごのうた	北原白秋／草川 信	22

●生活のうた／お帰り●

おかえりのうた	天野 蝶／一宮道子	23
さよなら	岡本敏明／ドイツ民謡	24
さよならのうた	高 すすむ／渡辺 茂	25
さよならの歌	田中忠正／河村光陽	26

●生活のうた／その他●

あなたのお名前は	作詞者不詳／インドネシア民謡	27
一週間	音楽舞踊団カチューシャ（訳詞）／ロシア民謡	28
おかたづけ	作詞作曲者不詳	23

曲名	作詞／作曲	ページ
おててをあらいましょう	作詞作曲者不詳	29
お話のはじまり	つぶらくあんり	30
おやつ	則武昭彦	31
じゃんけんの歌	つぶらくあんり	32
トイレのマーチ	つぶらくあんり	33
遠き山に日は落ちて	堀内敬三／A. ドヴォルザーク	34
どこでしょう（お当番さんの歌）	外国曲	35
夕やけこやけ	中村雨紅／草川 信	36

●季節のうた●

曲名	作詞／作曲	ページ
秋のワルツ	津布楽杏里	38
雨	津布楽杏里	42
雨の季節	津布楽杏里	37
一年じゅうの歌	岡本敏明／アメリカ民謡	9
うみ	林 柳波／井上武士	44
季節いろいろ	つぶらくあんり	45
きのこ	まど・みちお／くらかけ昭二	46
こいのぼり	絵本唱歌／近藤宮子／無名著作物	48
てるてる坊主	浅原鏡村／中山晋平	49
どんぐりころころ	青木存義／梁田 貞	35
ドングリ坂のドングリ	新沢としひこ／中川ひろたか	50
とんぼのめがね	額賀誠志／平井康三郎	52
まっかな秋	薩摩 忠／小林秀雄	53
まつぼっくり	広田孝夫／小林つや江	54
豆まき	絵本唱歌	55
虫のこえ	文部省唱歌	56
雪	文部省唱歌	57
雪だるまのだるりん	津布楽杏里	58

●行事のうた●

曲名	作詞／作曲	ページ
うれしいひな祭り	サトウハチロー／河村光陽	7
うんどうかい	則武昭彦	61
うんどうかい	三越左千夫／木原 靖	62
きよしこの夜	由木 康／F. グルーバー	63
ハッピー・バースデー・トゥ・ユー	P.S. ヒル＆M.J. ヒル	64
もえろよもえろ	串田孫一／フランス民謡	65

●卒園●

曲名	作詞／作曲	ページ
ありがとう（卒園）	つぶらくあんり	66
おもいでかぞく	つぶらくあんり	72
さよならぼくたちのほいくえん（ようちえん）	新沢としひこ／島筒英夫	74
ねぇ、しってた？	松本真一／つぶらくあんり	69

● 元気にうたおう ●

曲名	作詞／作曲	ページ
朝いちばんはやいのは	阪田寛夫／越部信義	76
あつまれ！ファンファンファン	井出隆夫／越部信義	78
生きてるんだ	つぶらくあんり	80
いっしょにあそぼ〜	松本真一／つぶらくあんり	82
いつもよい子でねって言うけれど	津布楽杏里	86
犬のおまわりさん	佐藤義美／大中 恩	90
兎のダンス	野口雨情／中山晋平	77
うたえバンバン	阪田寛夫／山本直純	92
大きくなったら	つぶらくあんり	94
おかあさん、おとうさん	つぶらくあんり	96
お月さま	津布楽杏里	97
おなかのへるうた	阪田寛夫／大中 恩	100
かえるのがっしょう	岡本敏明／ドイツ民謡	101
肩たたき	西條八十／中山晋平	102
かっぱなにさま？かっぱさま！	もりちよこ／坂出雅海	104
きらきら星	武鹿悦子／フランス民謡	106
グリーングリーン	片岡 輝／B. マックガイア＆R. スパークス	107
けんかのあと	つぶらくあんり	108
公園にいきましょう	坂田 修	110
黄金虫	野口雨情／中山晋平	112
ゴリラのゴリちゃん	つぶらくあんり	113
シャボン玉	野口雨情／中山晋平	114
しょうじょうじの狸ばやし	野口雨情／中山晋平	115
シンデレラのスープ	小黒恵子／中村勝彦	116
すばらしい地球	つぶらくあんり	118
世界中のこどもたちが	新沢としひこ／中川ひろたか	120
そうだったら いいのにな	井出隆夫／福田和禾子	117
小さな世界	若谷和子（日本語詞）／シャーマン兄弟	122
手のひらを太陽に	やなせたかし／いずみたく	124
ドキドキドン！一年生	伊藤アキラ／櫻井 順	126
ともだち讃歌	阪田寛夫／アメリカ民謡	128
ドロップスのうた	まど・みちお／大中 恩	130
とんでったバナナ	片岡 輝／櫻井 順	132
どんな色がすき	坂田 修	134
はじめの一歩	新沢としひこ／中川ひろたか	136
はたらくくるま	伊藤アキラ／越部信義	138
ふるさと	髙野辰之／岡野貞一	140
ぼくの神さま	津布楽杏里	142
ぼくのミックスジュース	五味太郎／渋谷 毅	146
南の島のハメハメハ大王	伊藤アキラ／森田公一	148

曲名	作詞・作曲	ページ
虫歯建設株式会社	田中みほ／小杉保夫	150
虫歯の子供の誕生日	みなみらんぼう	152
やぎさんゆうびん	まど・みちお／團 伊玖磨	141
わたあめ雲	つぶらくあんり	154
私の空	津布楽杏里	156

●遊びうた●

曲名	作詞・作曲	ページ
アルプス一万尺	作詞者不詳／アメリカ民謡	160
かもつれっしゃ	山川啓介／若松正司	161
こぶたぬきつねこ	山本直純	162
山賊の歌	田島 弘／小島祐嘉	163
手をたたこう	つぶらくあんり	164
しりとりうた	つぶらくあんり	166
やきいもグーチーパー	阪田寛夫／山本直純	167

付　録

- ピアノ曲 -

曲目	作曲	ページ
March. No.1	津布楽杏里	168
March. No.2	津布楽杏里	169
March. No.3	津布楽杏里	170
March. No.4	津布楽杏里	171
March. No.5（入場）	津布楽杏里	172
March. No.6（退場）	津布楽杏里	174
March. No.7	津布楽杏里	176

- さまざまな音 -

	ページ
チャイム1～5	178
正解音	178
不正解音	178
踏切・警報音	178
救急車（サイレン音）	178

- 弾いてみよう -

曲目	作曲	ページ
あいさつ（礼）		179
交響曲第5番「運命」第一楽章より	L.v. ベートーヴェン	179
「お人形の夢と目ざめ」より	T. オースティン	179
「クシコス・ポスト」より	H. ネッケ	179
"婚礼の合唱"～歌劇「ローエングリン」より	W.R. ワーグナー	180
"結婚行進曲"～「真夏の夜の夢」より	F. メンデルスゾーン	181

	ページ
索引	182

朝のうた

増子とし 作詞
本多鉄麿 作曲
津布楽杏里 編曲

1.2. せんせい おはよう みなさん おはよう

おはなも にこにこと わらって います
ことりも ちっちと うたって います

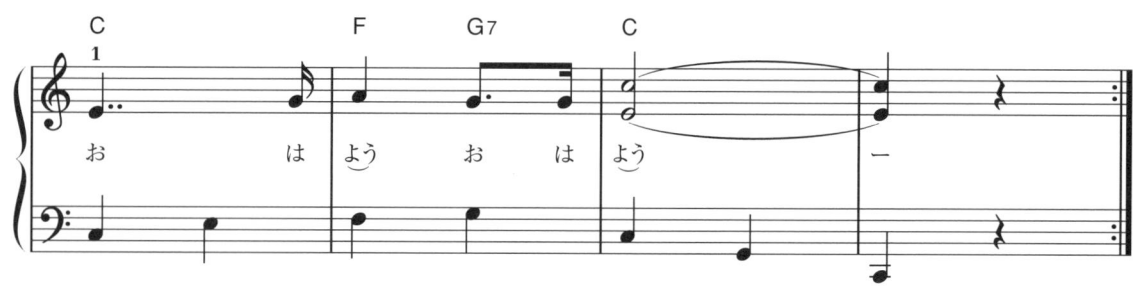

おはよう おはよう ー

うるわしき朝も

こども賛美歌より
津布楽 杏里 編曲

うれしいひな祭り

サトウハチロー 作詞
河村 光陽 作曲

1・2の3のごあいさつ

藤 公之介 作詞
小林 亜星 作曲
津布楽 杏里 編曲

© 1975 by NIPPON TELEVISION MUSIC CORPORATION

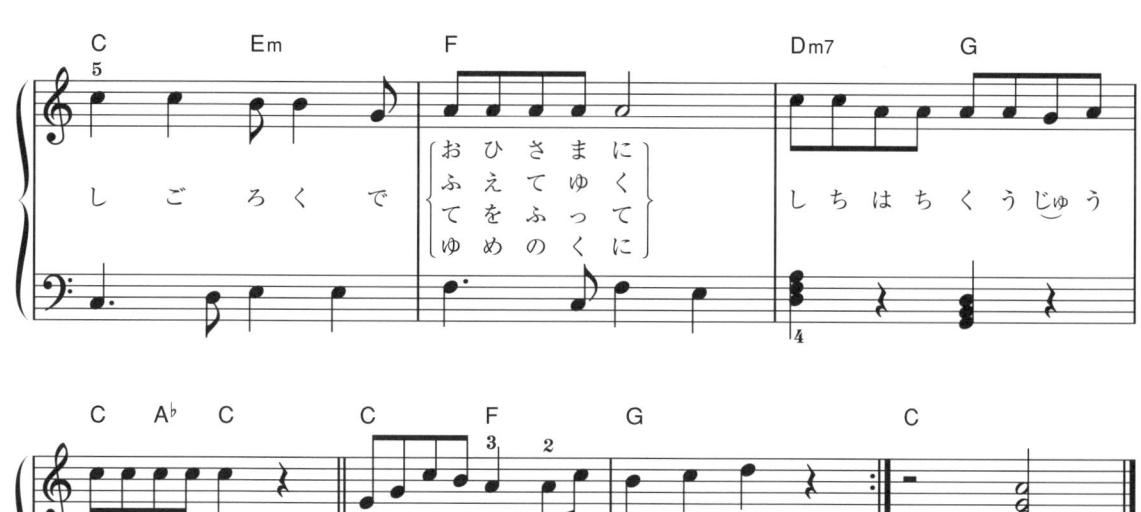
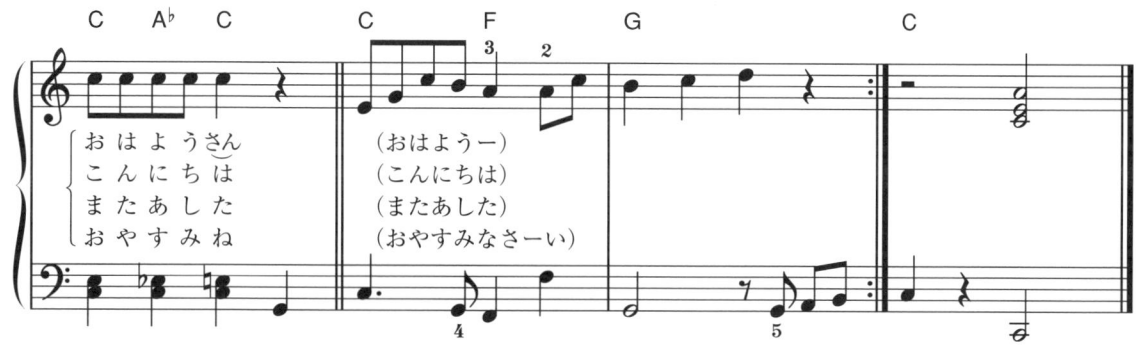

一年じゅうの歌

岡本敏明 作詞
アメリカ民謡
津布楽杏里 編曲

おはようのうた

田中忠正 作詞
河村光陽 作曲
津布楽杏里 編曲

おはようの歌

高 すすむ 作詞
渡辺 茂 作曲
津布楽 杏里 編曲

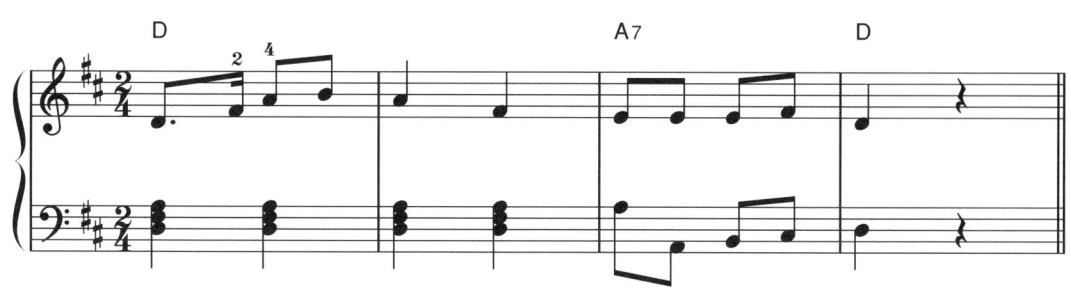

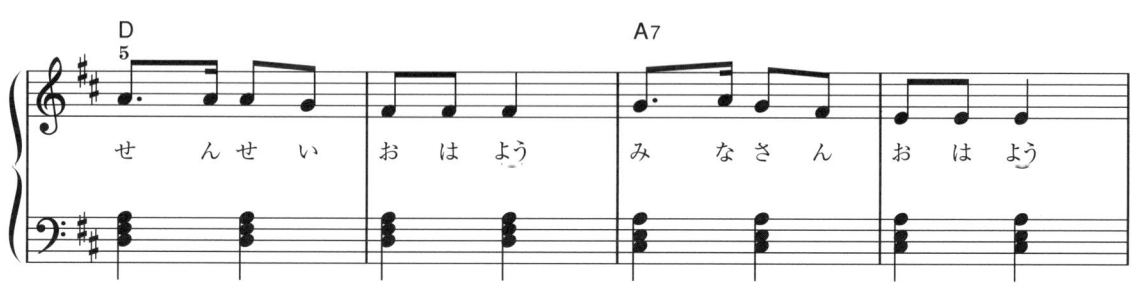

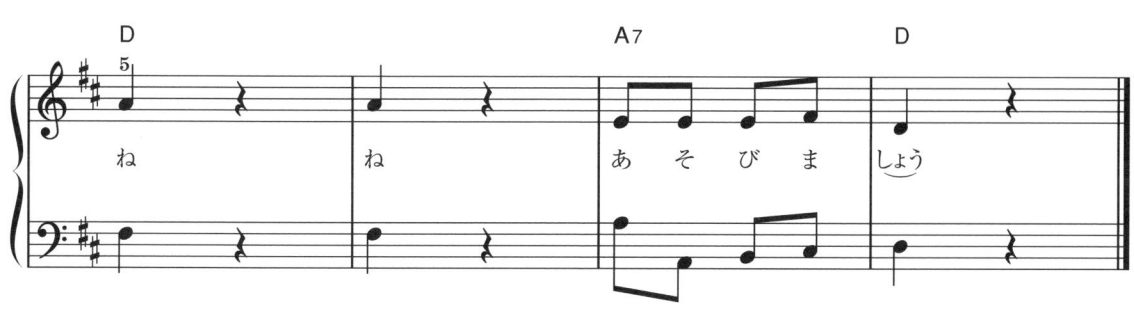

お昼のうた

つぶらくあんり 作詞/作曲

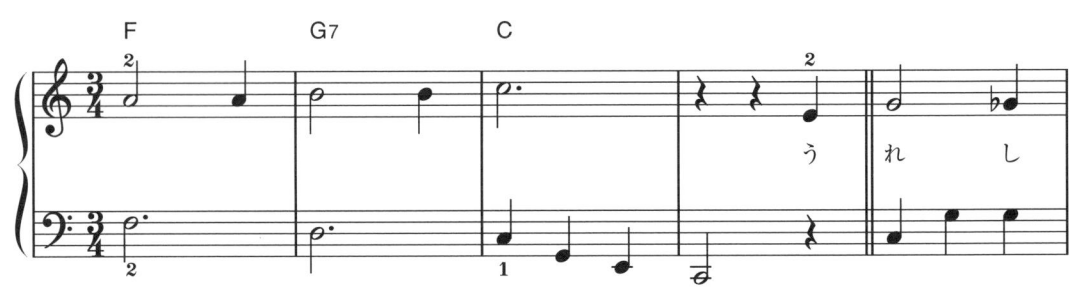
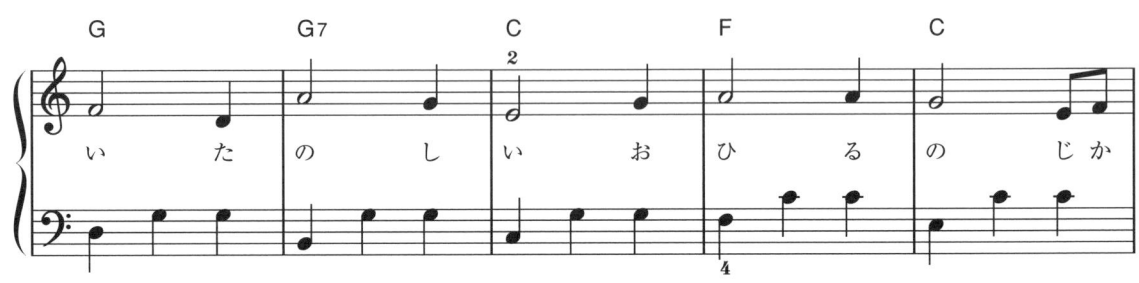
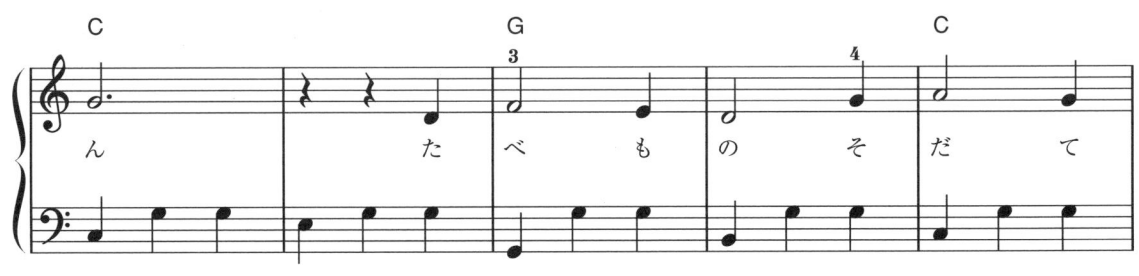

おべんとう

天野 蝶 作詞
一宮 道子 作曲
津布楽 杏里 編曲

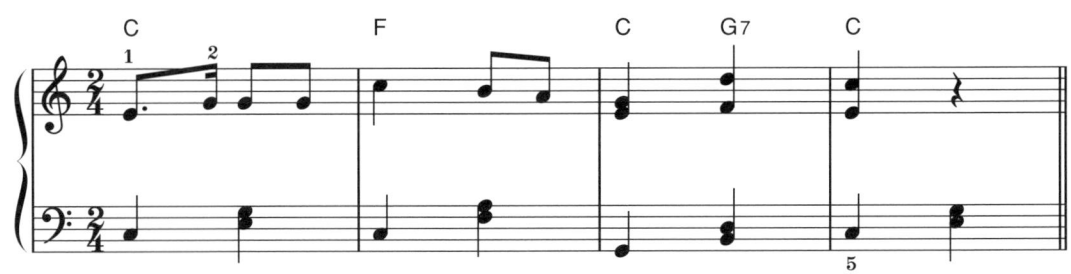

© Studio Ghibli

日々のかてを（食前のうた）

賛美歌より
津布楽 杏里 編曲

子もり歌

シューベルトの子守歌

内藤 濯 訳詞
F. シューベルト 作曲
津布楽 杏里 編曲

中国地方の子守歌

中国地方民謡
山田耕筰 作曲
津布楽杏里 編曲

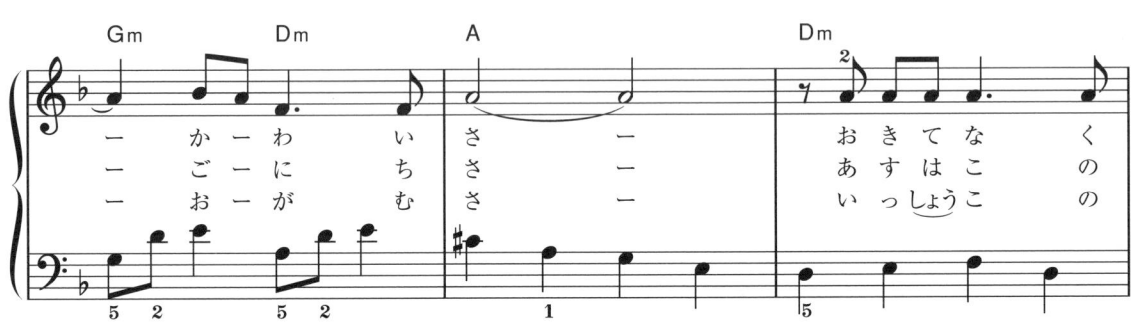

眠りの精

ブラームスの子守歌

武内俊子 作詞
J.ブラームス 作曲
津布楽 杏里 編曲

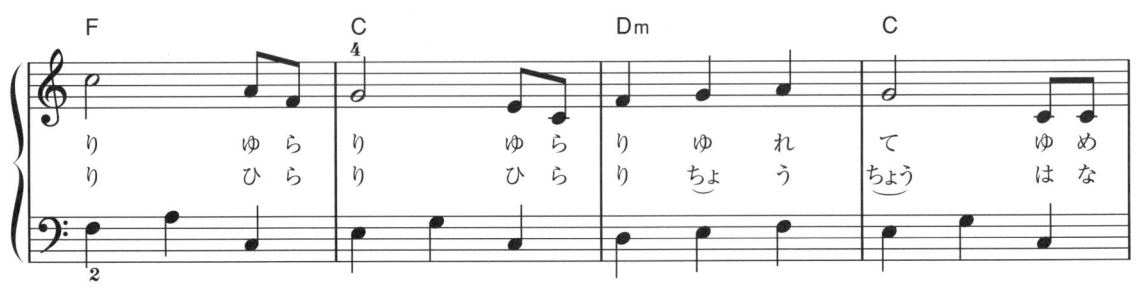

モーツァルトの子守歌

堀内敬三 訳詞
B.フリース 作曲
津布楽杏里 編曲

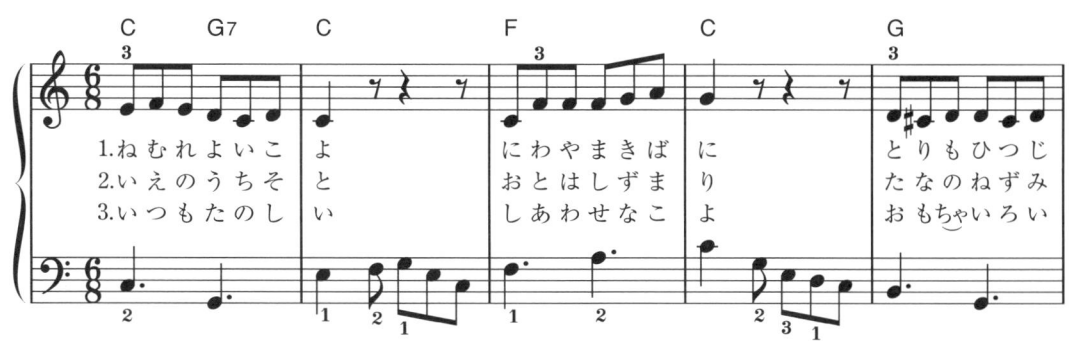

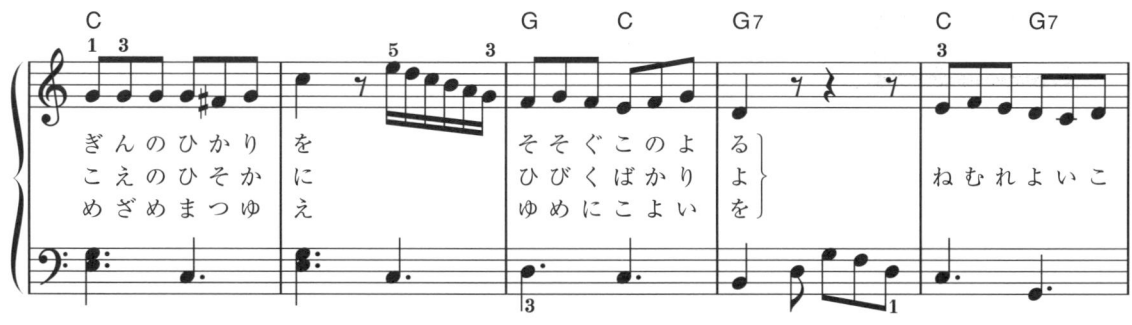
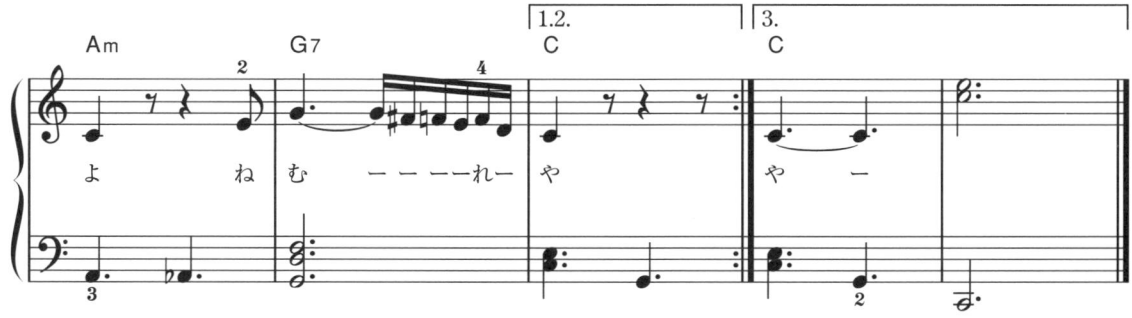

ゆりかごのうた

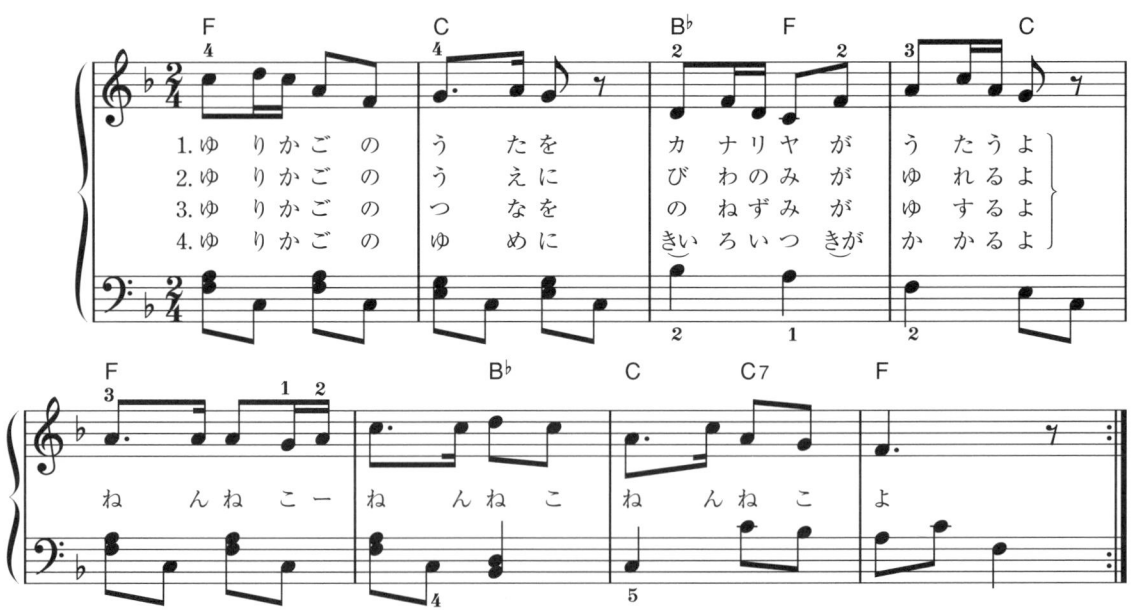

夜が明けた

さよなら

岡本 敏明 作詞
ドイツ民謡
津布楽 杏里 編曲

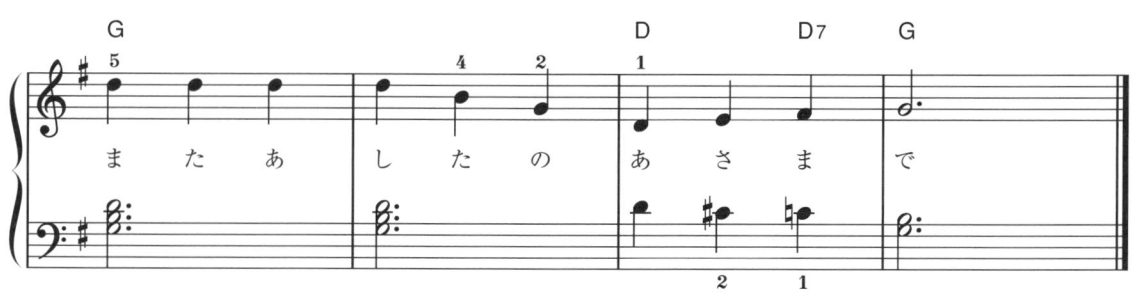

さよならのうた

さよならの歌

あなたのお名前は

不詳 作詞
インドネシア民謡
津布楽 杏里 編曲

一週間

おててをあらいましょう

不詳 作詞・作曲
重田恒雄 編曲

お話のはじまり

つぶらくあんり 作詞/作曲

おやつ

則武昭彦 作詞・作曲
津布楽杏里 編曲

1.とけいが なります ぼん ぼん ぼん おいしい おやつ いただき ましょう

2.みんなで なかよく ぎょう ぎょく さんじの おやつ いただき ましょう

おててを あわせま しょう パッ チン

じゃんけんの歌

つぶらくあんり 作詞・作曲

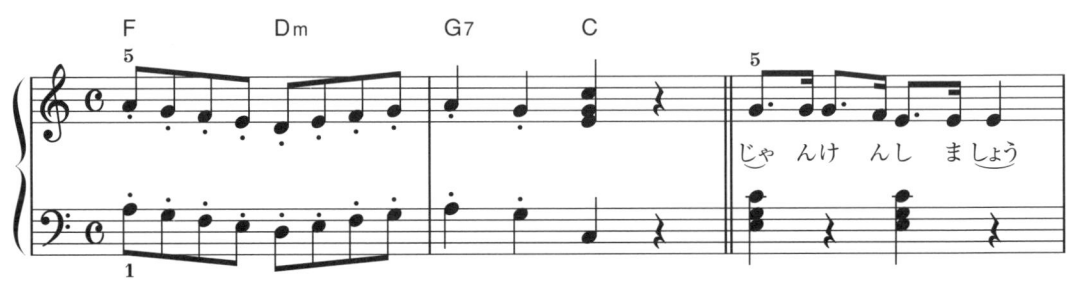

じゃん けん し ましょう

グー チョキ パー　いち に の さん で　グー チョキ パー　かっ たら わら って

まけ たら ない て　あい こは もい ちど　じゃん けん ぽん　（じゃん けん ぽん）

トイレのマーチ

つぶらくあんり　作詞／作曲

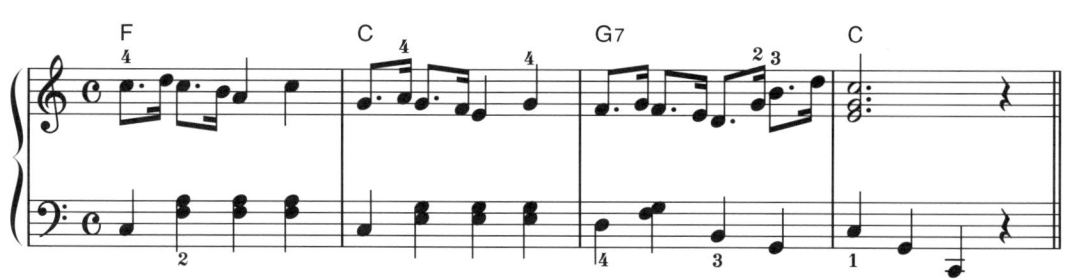

遠き山に日は落ちて

堀内 敬三 作詞
A.ドヴォルザーク 作曲
津布楽 杏里 編曲

どこでしょう（お当番さんの歌）

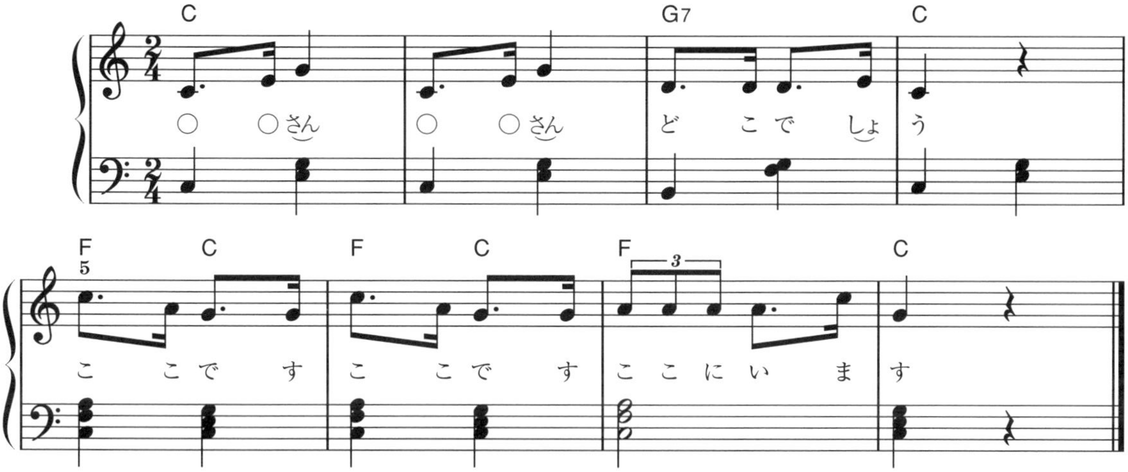

どんぐりころころ

夕やけこやけ

中村雨紅 作詞
草川 信 作曲
津布楽杏里 編曲

雨の季節

津布楽 杏里 作詞/作曲

1. きのうも きょうも あめばかり あまい アメ が よかったなぁ
2. おにわの すみに かたつむり あおい あじさい きれい だなぁ

ながぐつはいて かえりましょう
なーつは どこかで あまやどり

秋のワルツ

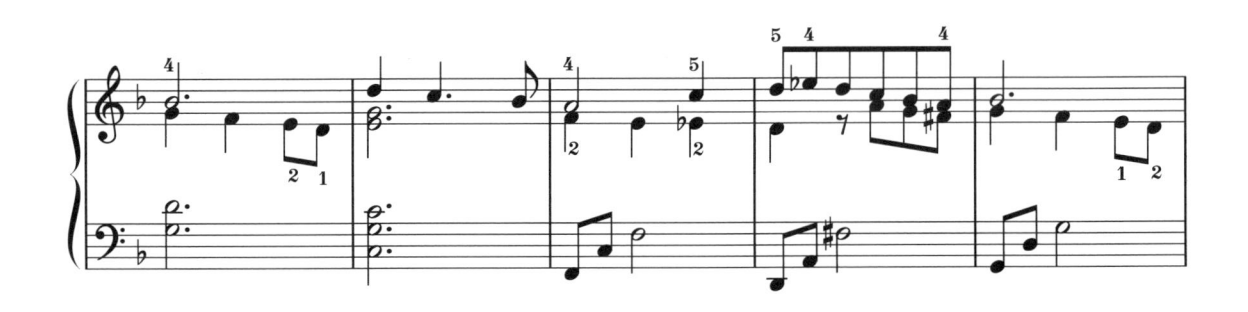

津布楽 杏里 作詞/作曲

1.な つ の せ な か は こ が ね い ろ
2.や ま の はっ ぱ が い ろ づ く と
す こ し ひ ん や り か ぜ が ふ く
ふ ゆ の あ し お と き こ え ま す
あ か い ゆ う ひ に つ つ ま れ て
も り の じゅ う に ん い そ が し く
そーっ と の ぞ く あ き が み え た
あ た た か く じゅ ん び し ま す

40

1.

シ ワ て る

2.

ツ ラ ラ ラ ル ラ ラ ル ラ ラ ラ ラ ラ ラ ラ ル

ラ ラ ラ ラ ラ ラ ラ ー

rit.

雨

津布楽 杏里 作詞/作曲

1. あめの に おいで めが さめて そっと まどを あけ ました はなの てっぺん ぬれました
2. きょうは いちにち あめ です、と はいって ぞらが あい ました あじさいたちも いいました
3. そとの ブランコ あめ のひは ひとりぼっちで ゆら ゆらり そっと しずかに ゆれました
4. あめの ゆうがた かさ さして まあるい あめの みずたまり あかい ながぐつ

うれ し そう

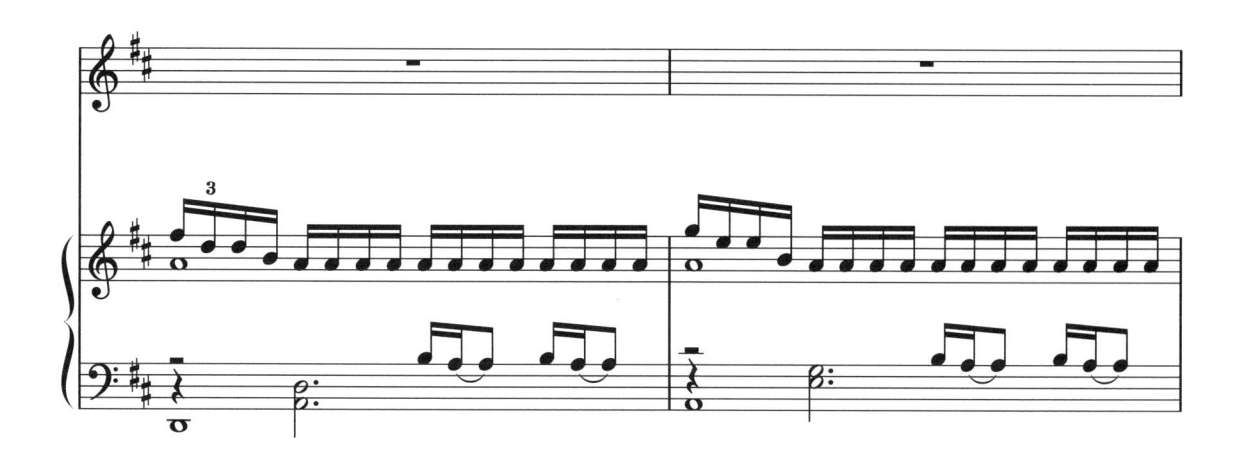

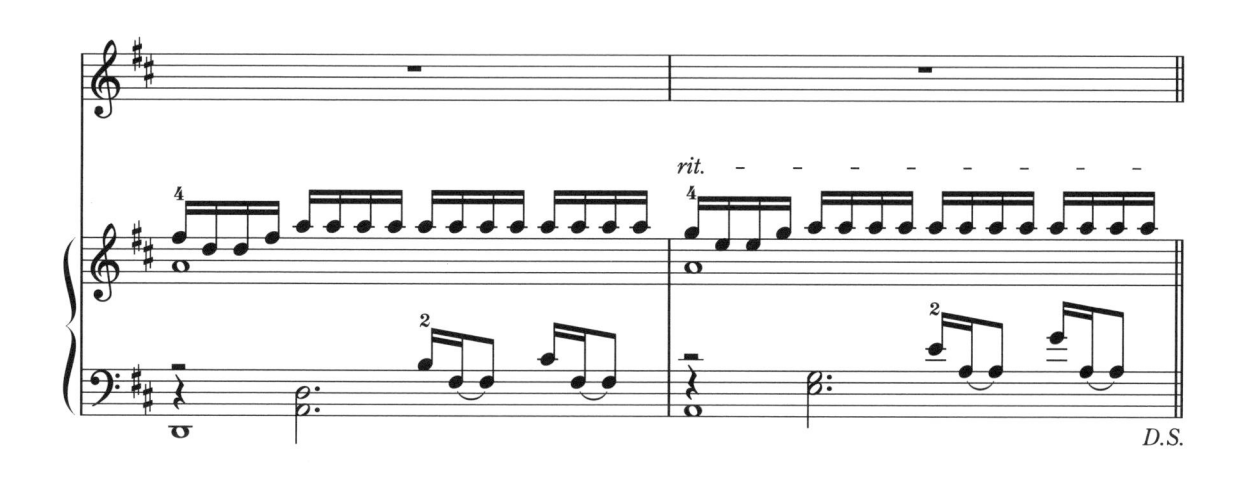

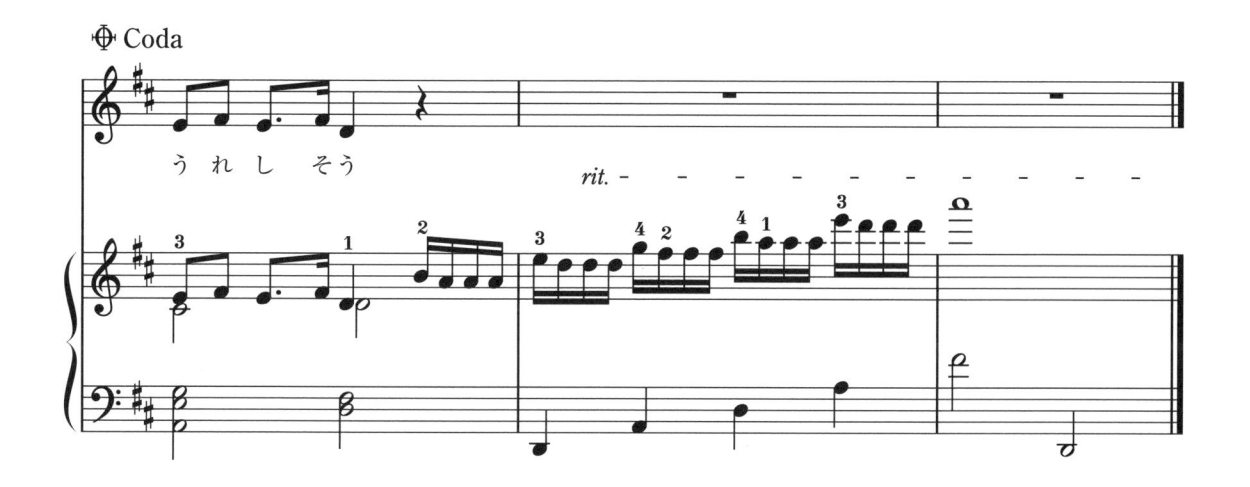

うみ

林　柳波　作詞
井上武士　作曲

G C G D7
1.うみは ひろいな おおきい なみ
2.うみは おおなみ あおいなみ
3.うみに おふねを うかばせて
G C D7 G
つきが のぼるし ひがしずむ
ゆれて どこまで つづくやら
いって みたいな よそのくに

季節いろいろ

つぶらくあんり 作詞・作曲

1. は は はるのいろ は
2. あ あ あきのいろ は

ど ど どんないろ
な な なつのいろ は
ふ ふ ふゆのいろ は

なにいろだろう き き きせつい

ろいろ ふ ふ ふしぎいろ

きょうのいろは すてきいろ

きのこ

まど・みちお 作詞
くらかけ昭二 作曲
津布楽 杏里 編曲

47

こいのぼり

絵本唱歌
近藤宮子 作詞
無名著作物
津布楽杏里 編曲

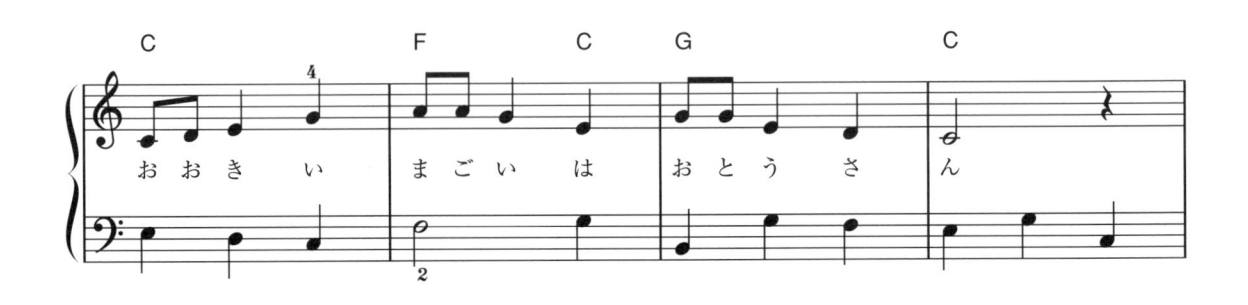

やねより たかい こいのぼり
おおきい まごいは おとうさん
ちいさい ひごいは こどもたーち
おもしろ そうに およいでる

てるてる坊主

浅原鏡村 作詞
中山晋平 作曲
津布楽杏里 編曲

ドングリ坂のドングリ

新沢としひこ 作詞
中川ひろたか 作曲
津布楽 杏里 編曲

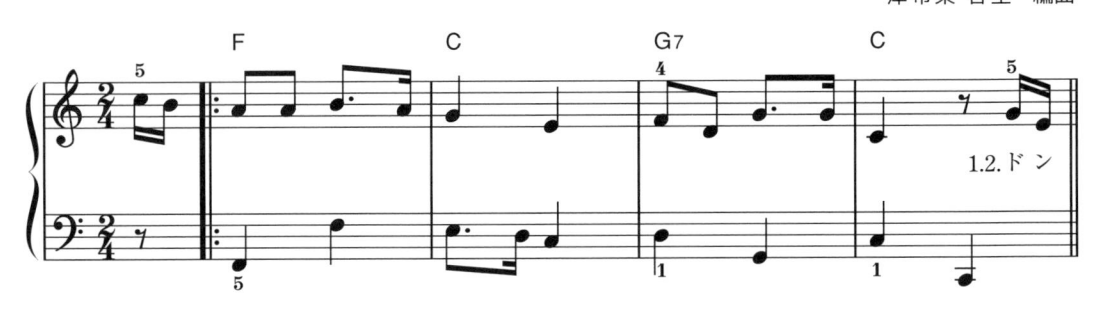

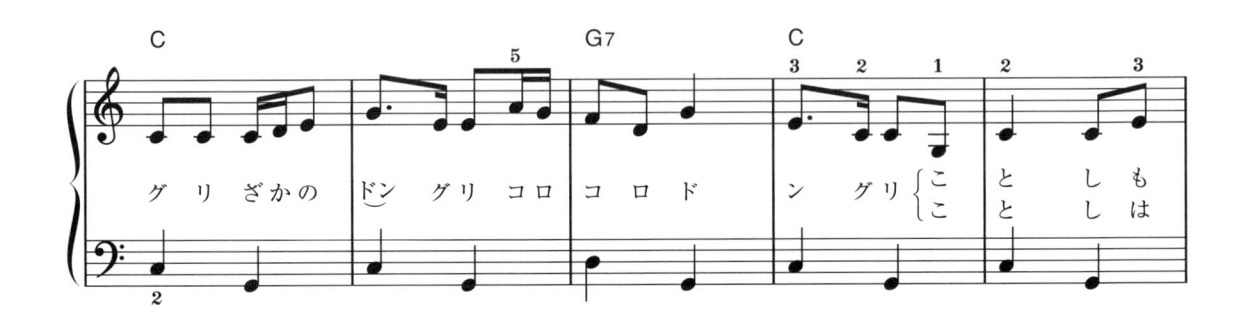

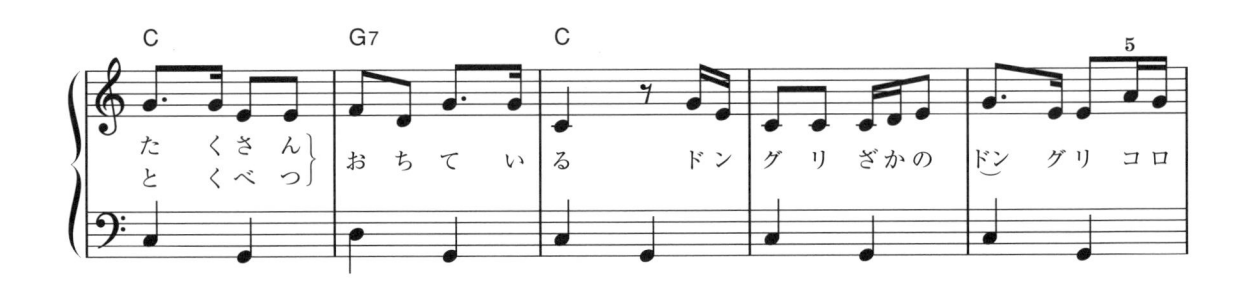

51

とんぼのめがね

額賀誠志　作詞
平井康三郎　作曲
津布楽杏里　編曲

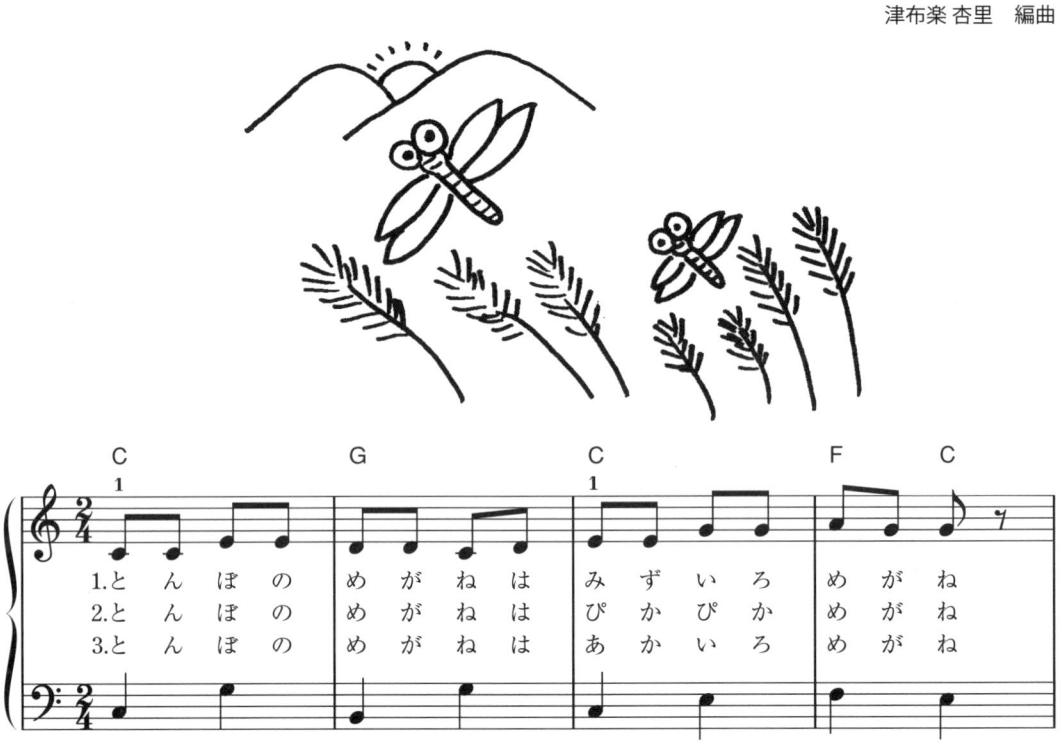

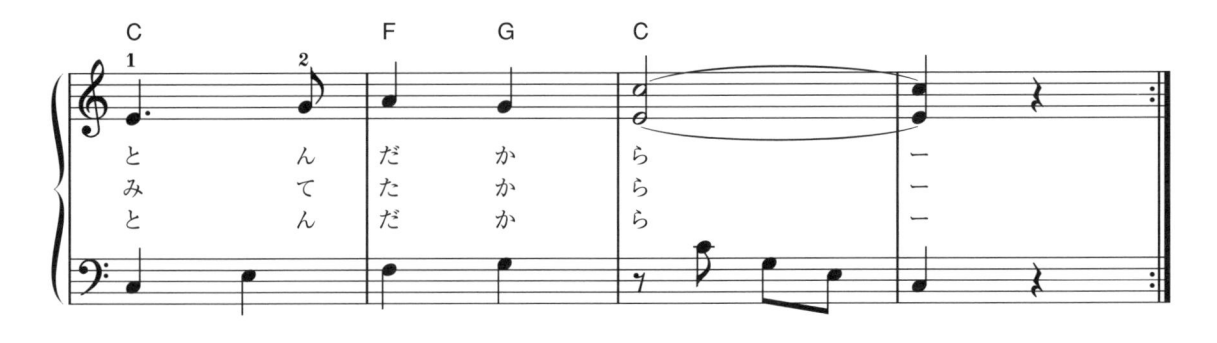

まっかな秋

薩摩 忠 作詞
小林秀雄 作曲
津布楽杏里 編曲

1.~3. まっ かだな　まっ かだな
つたーのはっぱが まっ かだな
からーすうりって まっ かだな
ひがーんばなって まっ かだな

もみじのはっぱも まっ かだな しーずむゆ うーひにを
とんぼのせなかも まっ かだな しゅーうやけ ぐーもを
とおくのたきびも まっ かだな おーみやの とり いを

てーらされ てー まっ か な ほっぺたの きーみとぽ
ゆーびさし てて
くーぐりぬ け

く まっ か な あきに かこまれて い る
まっ か な あきに よびかけて い る
まっ か な あきを たずねてま わ る

まつぼっくり

広田 孝夫 作詞
小林 つや江 作曲
津布楽 杏里 編曲

まつぼっ くりが あったとさ
たかい おやまに あったとさ
ころころ ころころ あったとさ
おさるが ひろって たべたとさ

豆まき

絵本唱歌
津布楽 杏里 編曲

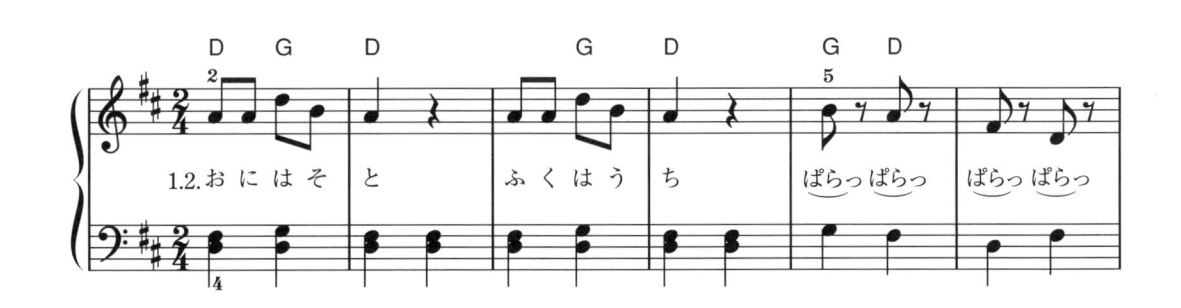

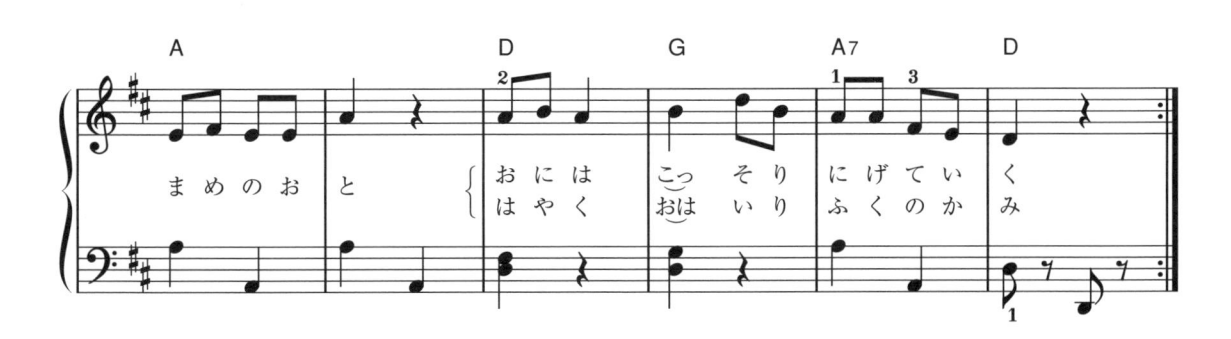

虫のこえ

文部省唱歌
津布楽 杏里 編曲

雪

文部省唱歌
津布楽杏里 編曲

雪だるまのだるりん

津布楽 杏里　作詞
　　　　　　作曲

- a tempo
だ る ま の だ る りん ゆ き
だ る ま の だ る りん
1.あ か い ぼ う し が
2.あ お い て ぶ く ろ
よ く に あ う ゆ き
だ る ま の だ る りん

つめたい きたかぜ おともだち たいよう
つくしの てっぺん かおだせば だるりん
rit. a tempo
は ちょっとにがて あしたも みんなの
と さようなら ぼうしとてぶくろの
にんきもの
わすれもの
だるりん だるりん だるりん
8va

うんどうかい

則武昭彦 作詞・作曲
津布楽杏里 編曲

1.う れ し い きょうの うんどうかい みーんな げんきで にこにこ とお ゆうぎ たたいて はしりっこ ランラン ランラン あかかて しろもかて
2.た の し い きょうの うんどうかい みーんせんせいがたやー おきゃくさま おててを たたいて はしりっこ ランラン ランラン しろかて あかもかて

うんどうかい

三越 左千夫 作詞
木原 靖 作曲
津布楽 杏里 編曲

1.2.まつ　てた　まつ　てた　うん　どう　かい　ワー　イ　ワー　イ　あかぐみだ／しろぐみだ　つなひきだって／かけっこだって　まけないぞ　フレ　フレ　フレ　フレ　フレ　フレ

きよしこの夜

由木 康 訳詞
F. グルーバー 作曲
津布楽 杏里 編曲

ハッピー・バースデー・トゥ・ユー

P.S. ヒル & M.J. ヒル 作詞・作曲
津布楽 杏里 編曲

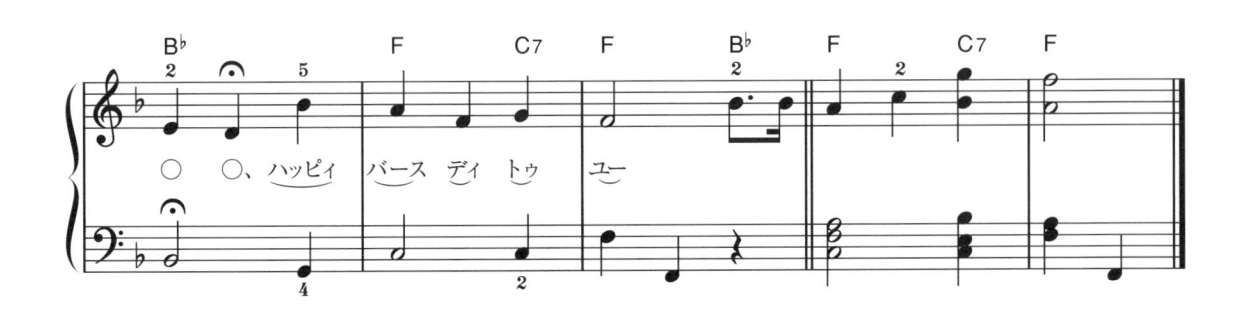

もえろよもえろ

串田孫一　作詞
フランス民謡
津布楽杏里　編曲

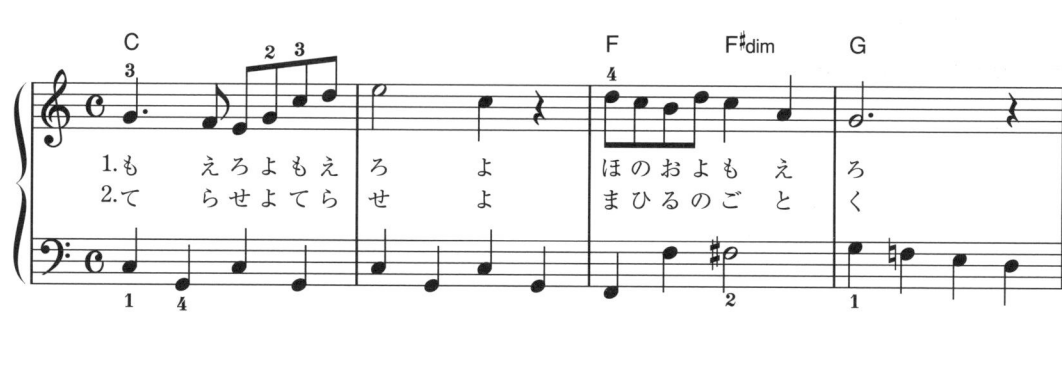

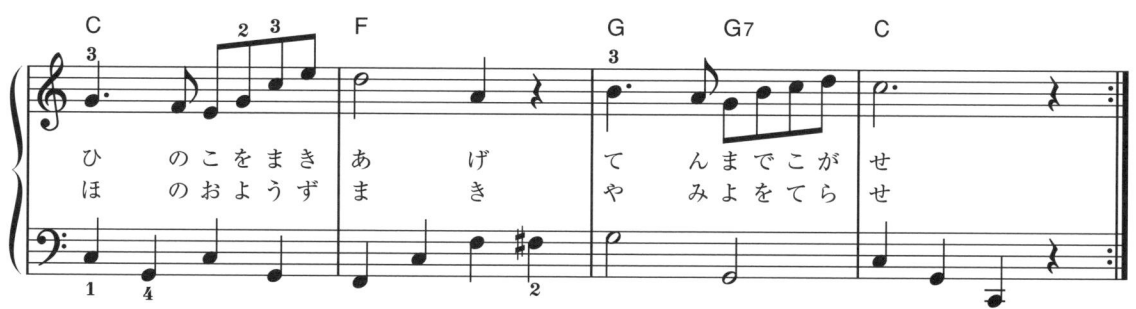

1. もえろよもえろよ　ほのおよもえろ
   ひのこをまきあげき　てんまでこがせ
2. てらせよてらせよ　まひるのごとく
   ほのおようずまき　やみよをてらせ

ありがとう（卒園）

つぶらくあんり　作詞/作曲

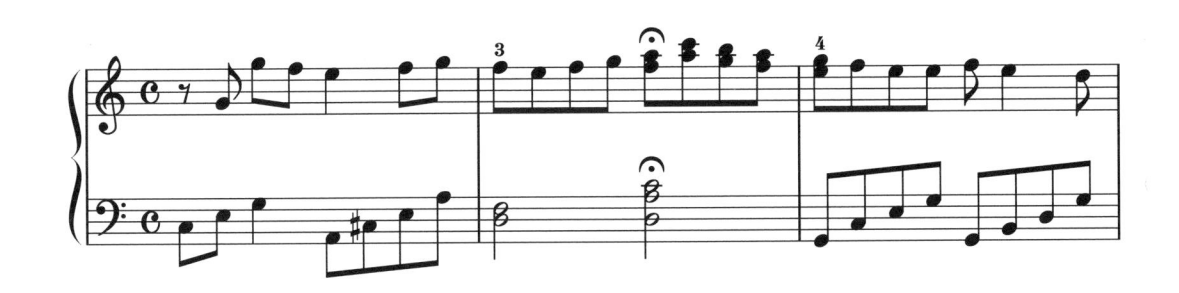

1. きょうまでまいーにち　きーたーほお
   いくえんもり(ようちえん) あしたかさから こなたもん いどあ
2. いつもたのしくあそんだ
3. かぞくみんなにありがとう

なんて ふしぎだな ときどき
すぐに なかなおり うんどうかい
いって ごめんなさい これからも
rit.
あそびにきてもいいよね おもいでの
えんそくプール クリスマス みんなとの
いっしょになかよくいたいな あしたから
a tempo
to ⊕
1.
2.
このばしょ さようなら
おもいで ありがとう
もまーた がんばる

ね

ねぇ、しってた？

松本真一 作詞
つぶらくあんり 作曲

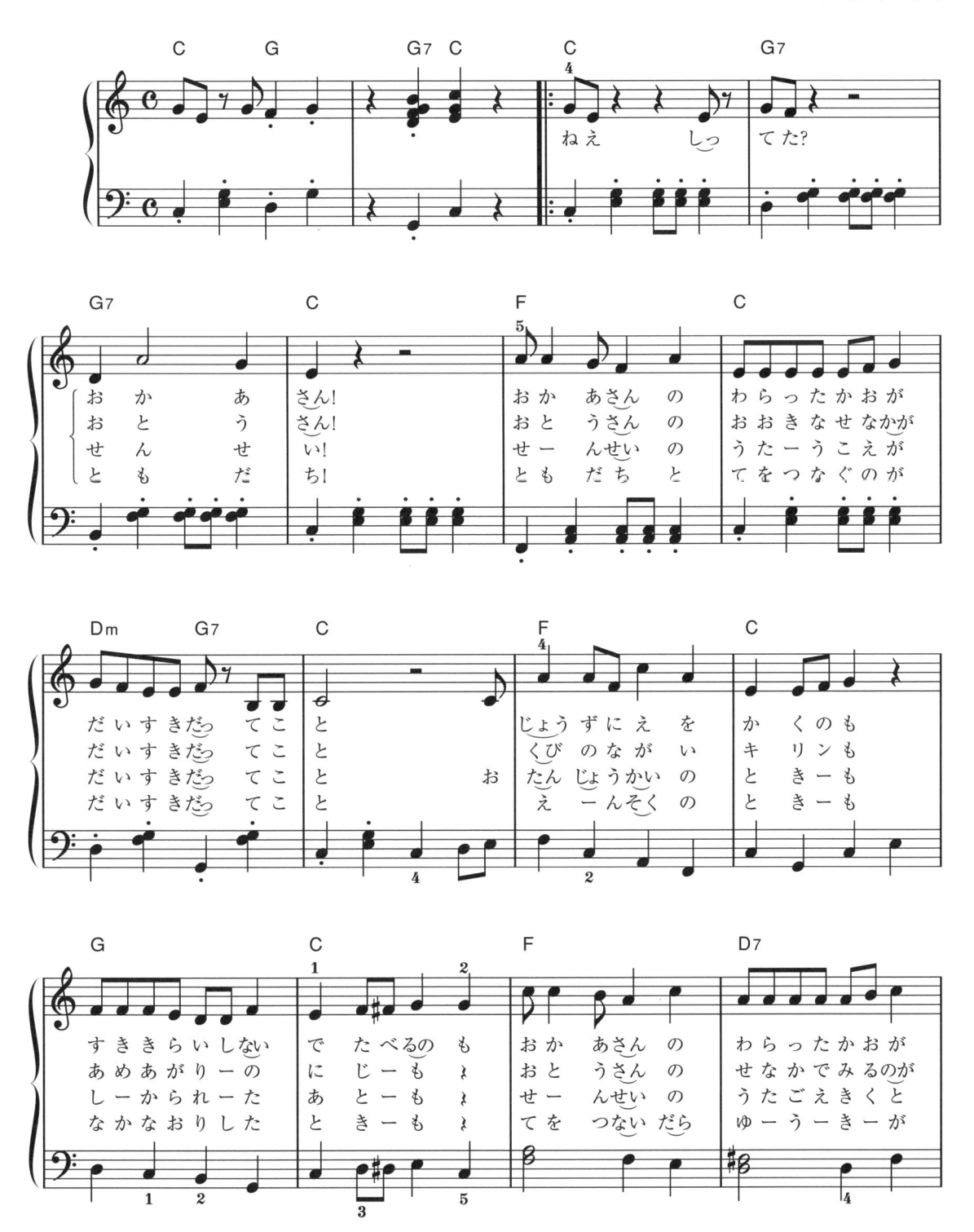

G Dm Em G7 C G7
みたーいから だっ てこと
いちばんすてき だっ てこと
ウキウキワクワク するっ てこと
ひゃくばいにな るっ てこと
ねえ しっ てた?
G7 C F D7
ねえ しっ てた?
1.2.3.
G C C7 F
4.
てた? おかあさん!
C Dm C
おとうさん! せんせい! ともだち!
F C Dm G7
ねえー しっ てたー? みんなといっしょに

C D D7 G G7
いるのが だいすきだってこと
C Caug F
みんなに たくさん たくさんありがと
G G7 C
うって いいたいってこと
C G7 C
ねえしってた? ねえしってた?
F D7 G F C G7 C
rit.

おもいでかぞく

つぶらくあんり 作詞／作曲

73

さよならぼくたちのほいくえん（ようちえん）

新沢としひこ 作詞
島筒英夫 作曲
津布楽杏里 編曲

75

朝いちばんはやいのは

阪田寛夫　作詞
越部信義　作曲

兎のダンス

野口雨情 作詞
中山晋平 作曲
津布楽杏里 編曲

あつまれ！ファンファンファン

井出隆夫 作詞
越部信義 作曲
津布楽杏里 編曲

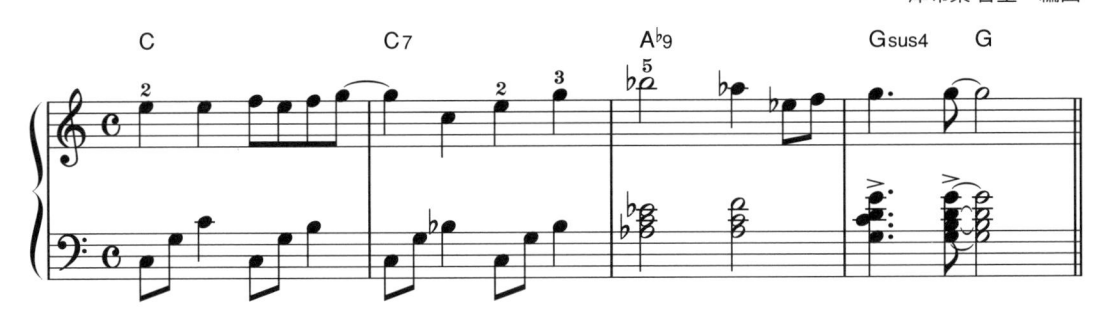

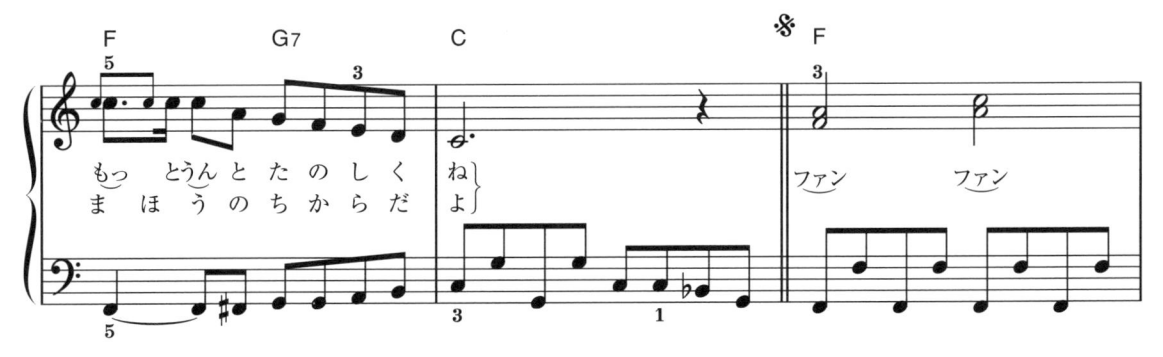

1.ちきゅうに げんきが たりないぞ あつまれ なかまた
2.ちきゅうを げんきに まわすのは ともだち エネルギ

いっしょに せかいを まわさなきゃ
たちまち なかよく なったこの

もっとうんと たのしく
まほうの ちからだ

ねよ

ファン ファン

© 1989 by NHK Publishing, Inc.

79

生きてるんだ

つぶらくあんり 作詞/作曲

81

いっしょにあそぼ〜

松本真一 作詞
つぶらくあんり 作曲

1. いっしょに うたおう おおきな こえで このっ て
2. いっしょに おどろう おおきな リズムに のっ て
3. いっしょに えがこう カラフルに ラ ラ ラ

たのしい ことも こともも かなしい ことも
うれしい ときも おちこむ ときも
ゆめみた ことも まよった ことも

C Am7 D D7 G G/F♯ Em Em/D C C/B
みんなでー うたおう おくちを あけー
みんなでー おどろう ステップ あわせ
みんなでー えがこう はみだす くらい
Am7 D7 G G/F♯ Em Em/D C D7 to Φ
て きっと えがおが やって くるか
て あしたへー いっぽ ふみだ せるか
に かならずー いつかは ホントに なるか
1. G
ら
2. G C
ら

みんなで うたおう おくち

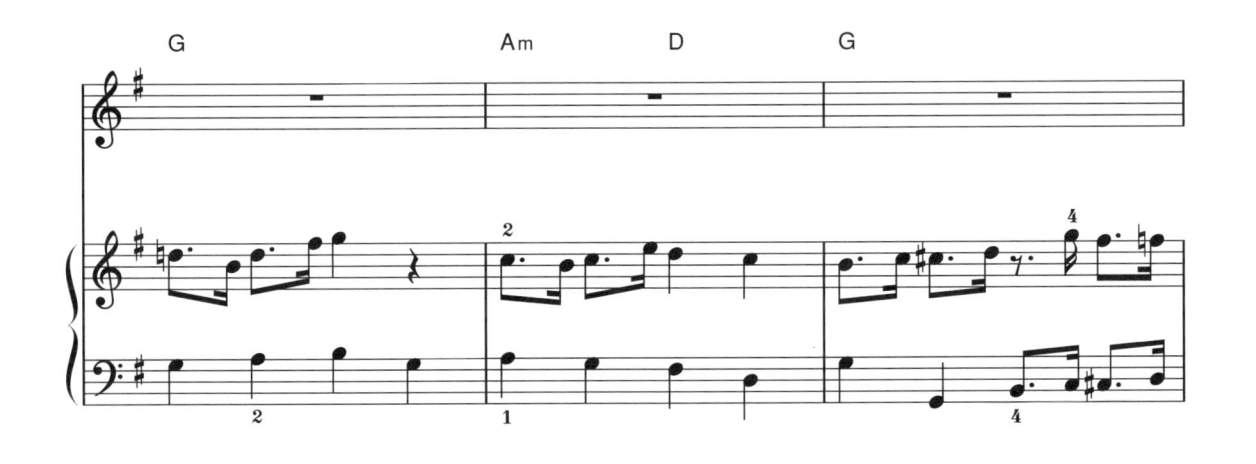

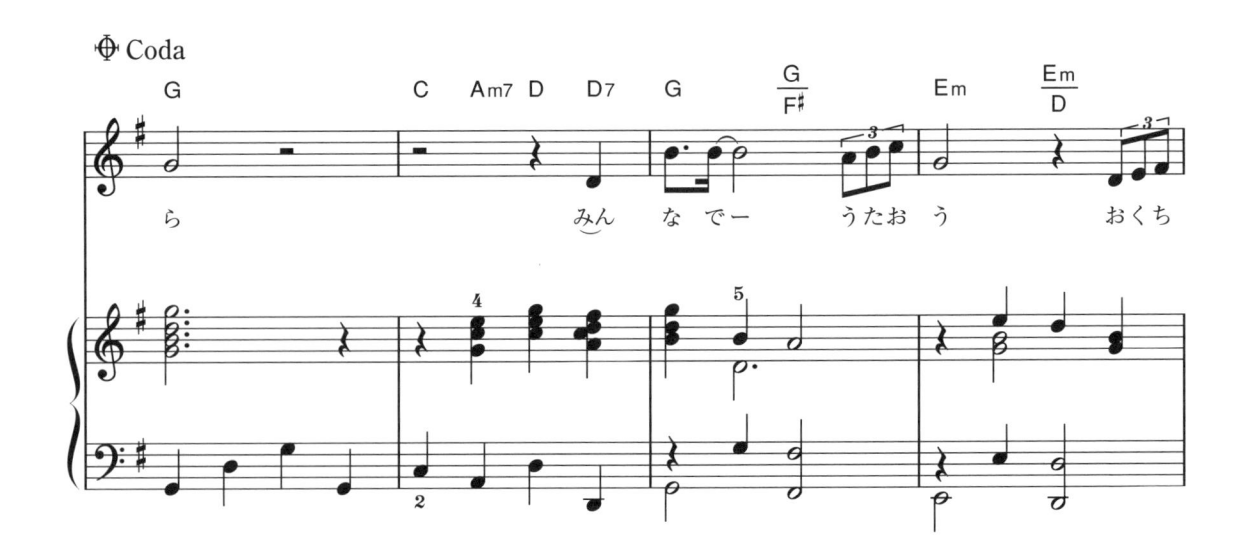

85

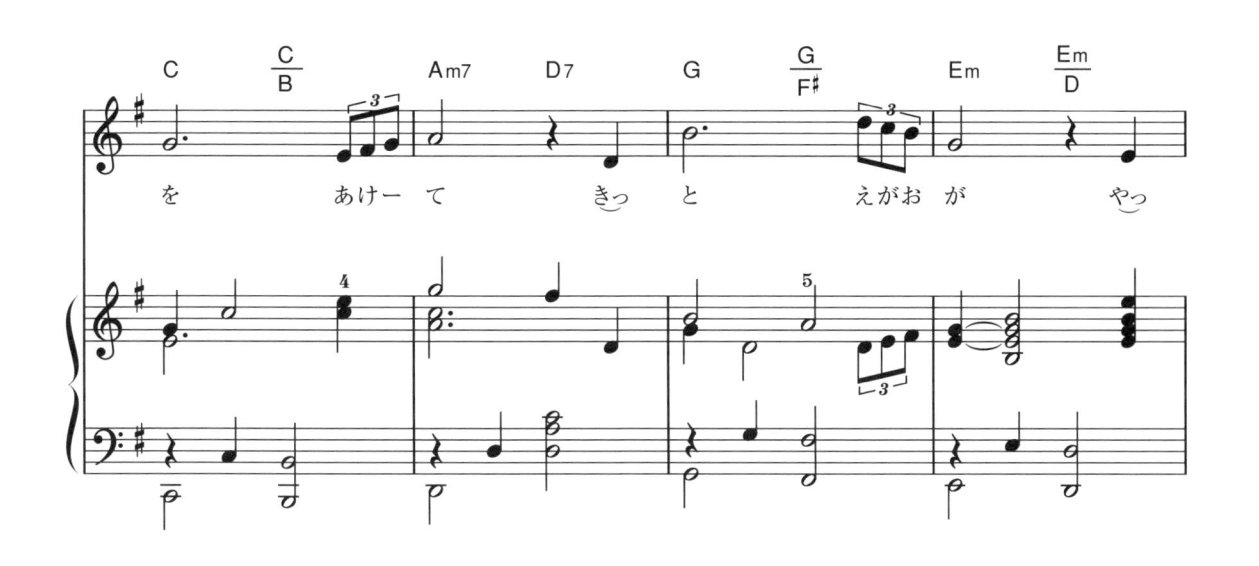

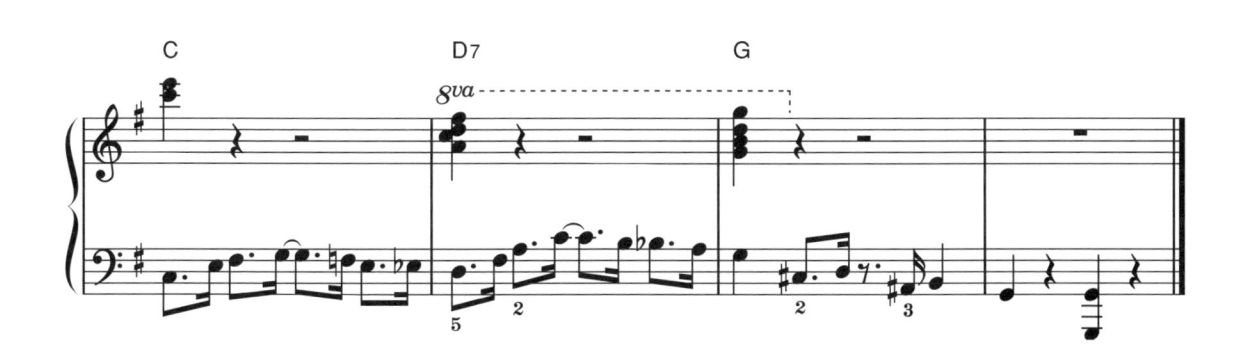

いつもよい子でねって言うけれど

津布楽 杏里 作詞/作曲

1. いつも よいこで ねっ て おかあさん は いう けれ
2. いつも げんきで ねっ て おとなは ～ いう けれ

どだけどだけーど
どだけどだけーど

ときには　けんかを　しちゃうんだ　　でも
ときには　げんきも　なくなるよ　　でも

けんかの　あとは　　　　ちょっと　いやなきも
すこしだけ　なら　　　　がんばれ　そーだ

「ごめんねっ」て いった
「よしゃるぞっ」て いった
ちょ ら
ゆるして くれるかな
げんきが わいてきた

いつも いつも あいての ことを おも
いつも いつも げんきな わけじゃ

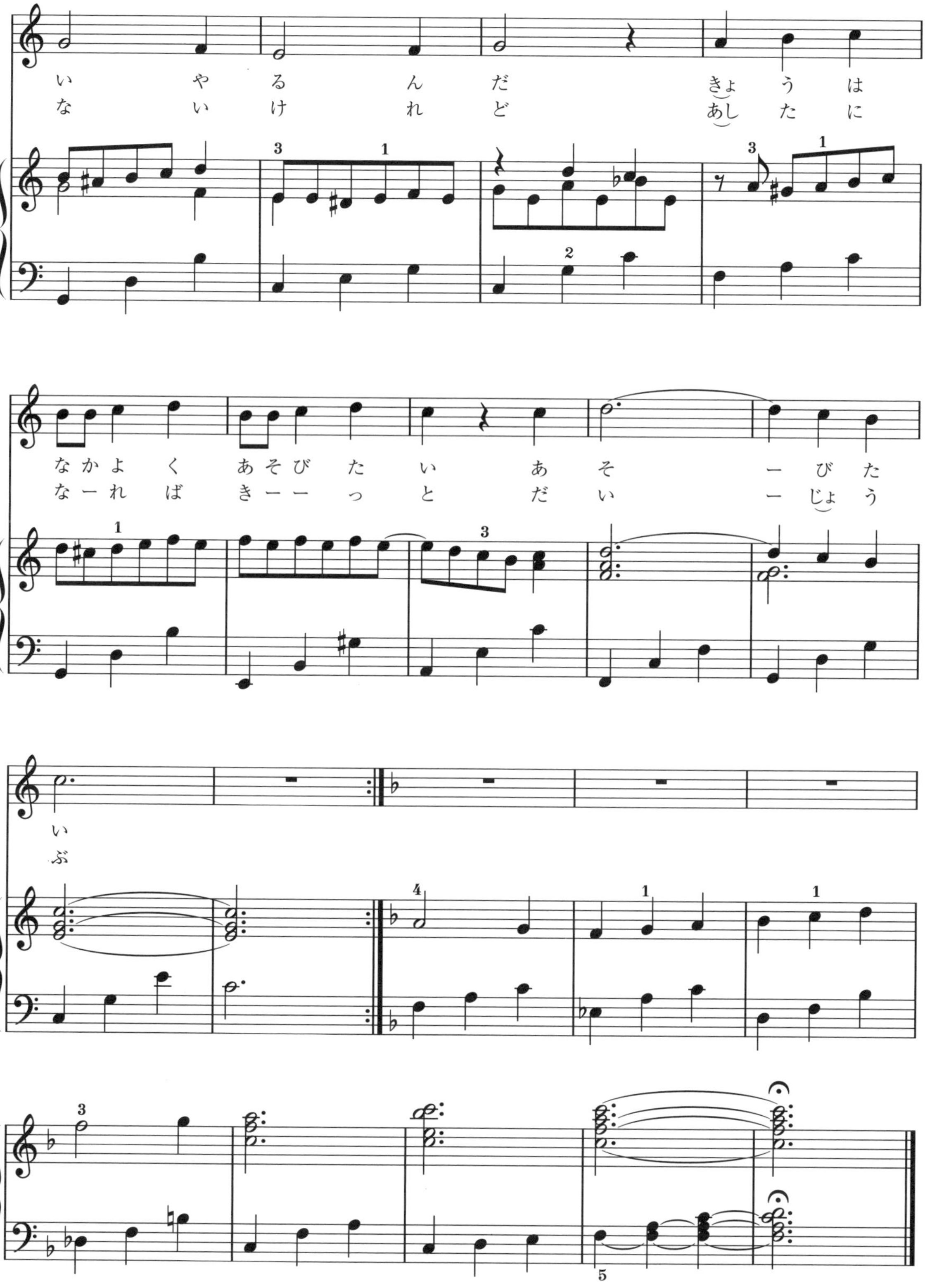
い や る ん だ きょ う は
な い け れ ど あし た に
な か よ く あ そ び た い あ そ ー び た
な ー れ ば き ー ー っ と だ い ー じょ う
い
ぶ

犬のおまわりさん

佐藤義美 作詞
大中恩 作曲
津布楽杏里 編曲

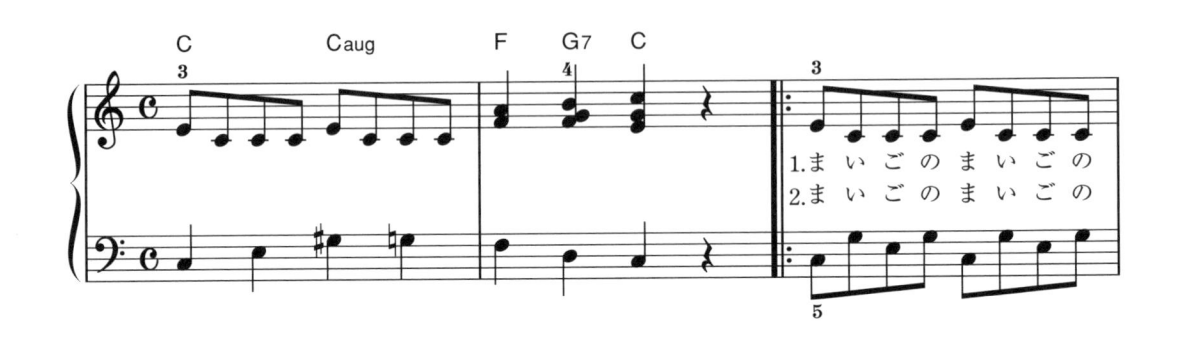

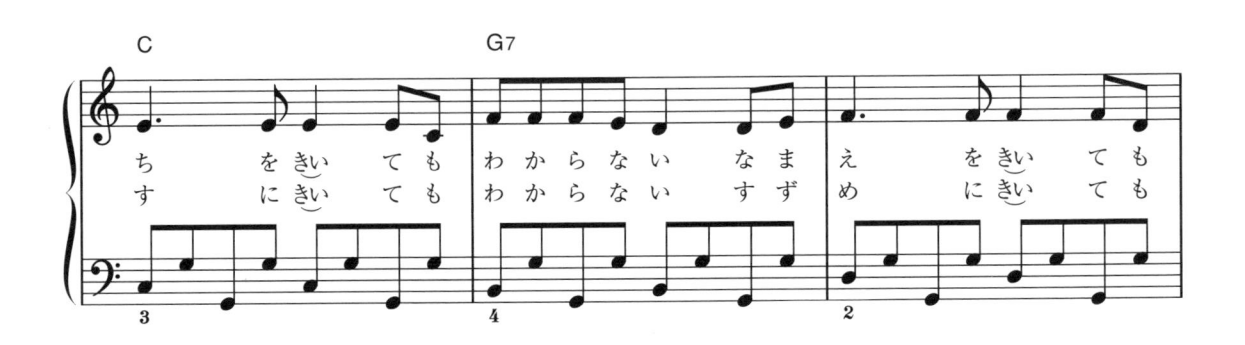

C G
わからない
わからない
ニャン ニャン ニャンニャーン
ニャン ニャン ニャンニャーン
Dm A G D7 G C
ないてばかりいる
こねこちゃん
いぬの
C Am Dm7 Dm7(♭5) C D7
おまわりさん
こまってしまって
ワン ワン ワンワーン
G7 C C Dm Em F G7 C
ワン ワン ワンワーン

うたえバンバン

阪田寛夫 作詞
山本直純 作曲
津布楽杏里 編曲

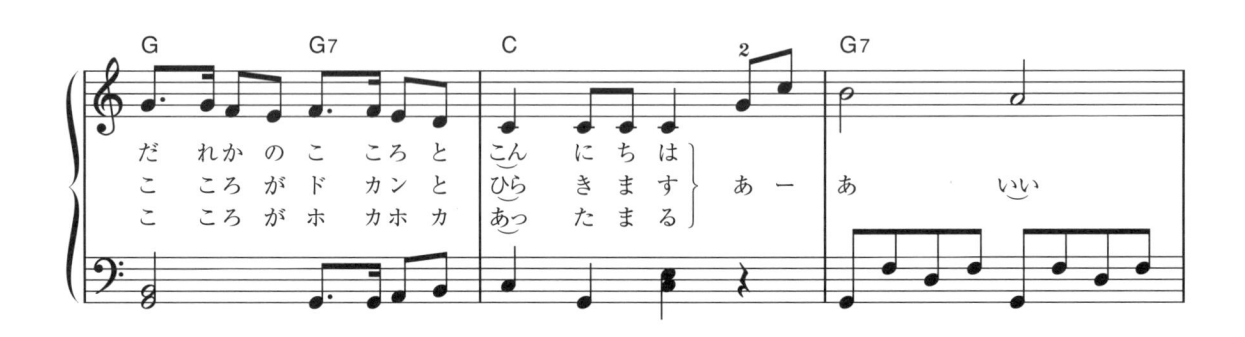

93

大きくなったら

つぶらくあんり 作詞/作曲

Am F G7 C E
しゅっ ぱ つ ハ イ う ちゅ う
ク リ ー ム ハ イ で き た
に こ に こ ま た あ し た
F C G7 C C7
い ま は ま だ ちい さ い け れ ど
F C G G7
す ぐ に お と な に なっ ちゃ う
1.2. 3.
C C
ぞー お ぞー

おかあさん、おとうさん

つぶらくあんり 作詞/作曲

お月さま

津布楽 杏里 作詞／作曲

1. お つきさま　くもの　うしろに　かお
2. お つきさま　きょうの　かたちは　き

く　れ　て　は　　すこし　かおだし
の　う　よ　り　　すこし　ふとって

のぞいてる　　　うさぎといっしょに
いませんか　　　うさぎといっしょに

かくれては　　「まぁだだよ」って
おもちつき　　「おいしいね」って

あそんでる　　まぁるいおなかが
たべすぎた　　まぁるいおなかが

くも の かげ　　　　　だれ と し てる か
そら た か く　　　　きょう と あ し た を
かくれんぼ
つないで る

おなかのへるうた

阪田寛夫 作詞
大中 恩 作曲

1.2. どうして おなかがへるのかな けんかをすると へるのかな
　　　　　　　　　　　　　　　おやつを たべないと へるのかな
なかよし しててもへるもんな いくら たべてもへるもんな かあちゃん かあちゃん おなかと せなかが くっつくぞ

かえるのがっしょう

岡本敏明　作詞
ドイツ民謡　作曲
津布楽杏里　編曲

肩たたき

西條八十 作詞
中山晋平 作曲
津布楽杏里 編曲

F C F B♭ F
がわには ひがいっぱい タン トン タン トン
C7 F C F C
タン トン トン まっかな けしが わらって
F B♭ C7 F
る タン トン タン トン タン トン トン
F C F
かあさん そんなに いいきもち
B♭ F C7 F
タン トン タン トン タン トン トン

かっぱなにさま？かっぱさま！

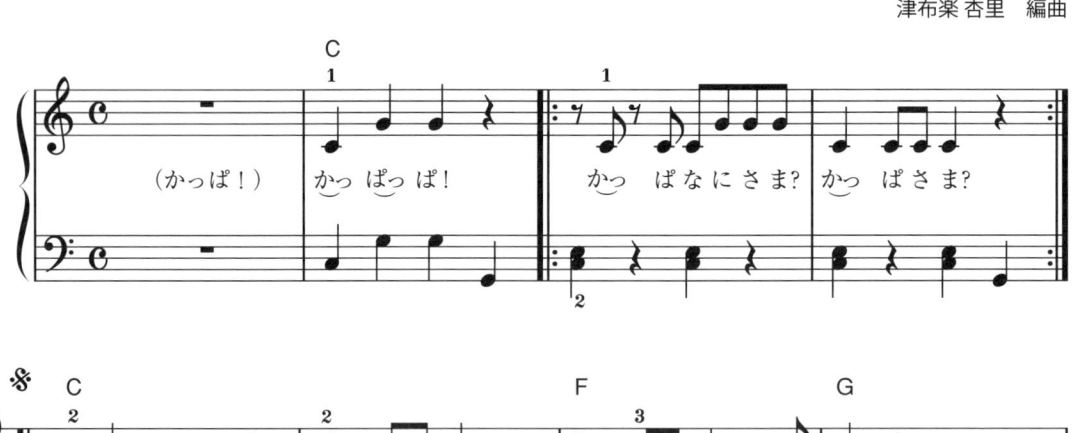

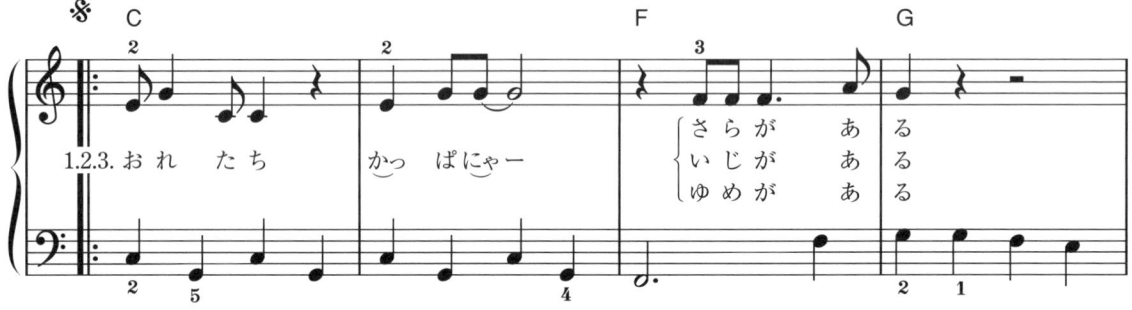

C Dm to Φ G C
かっ ぱなにさま? かっ ぱなにさま? かっ ぱ さ ま! かっ ぱなにさま?
C
かっ ぱさま! かっ ぱなにさま? かっ ぱさま! かっ ぱなにさま?
C G
かっ ぱさま! かっ ぱなにさま?
D.S.
Φ Coda
Em
かっ ぱなにさま?
F G C D♭ C
かっ ぱなにさま? かっ ぱ ー ーさ ま!

きらきら星

武鹿悦子 作詞
フランス民謡
津布楽杏里 編曲

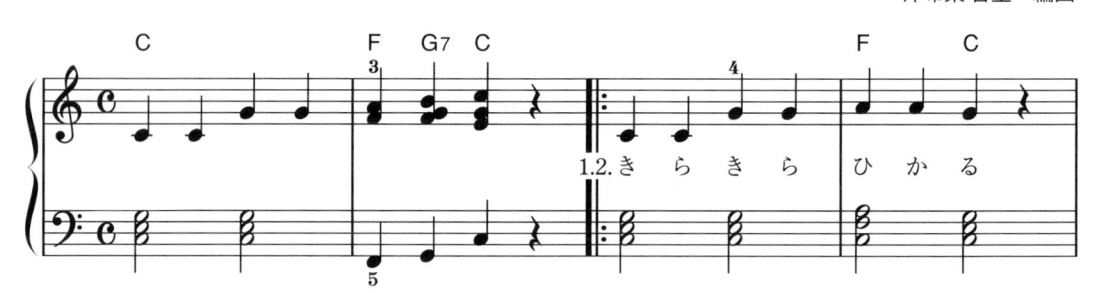

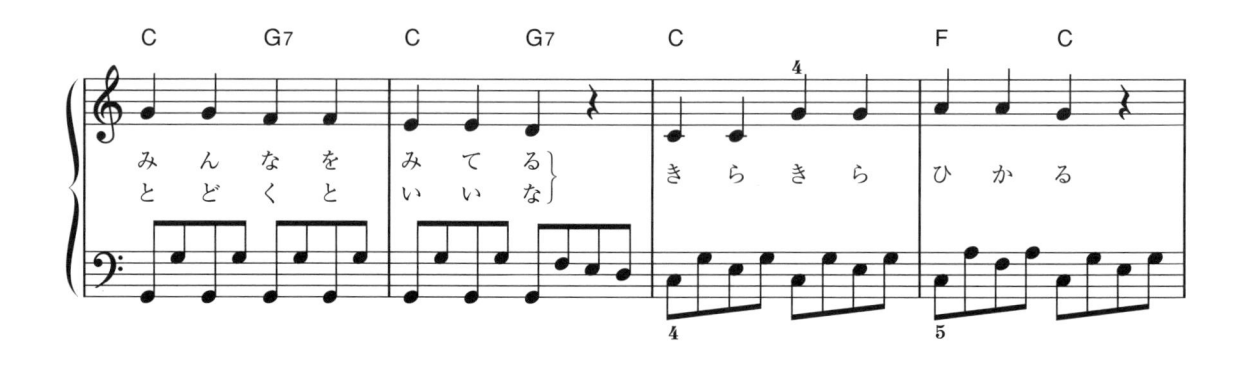

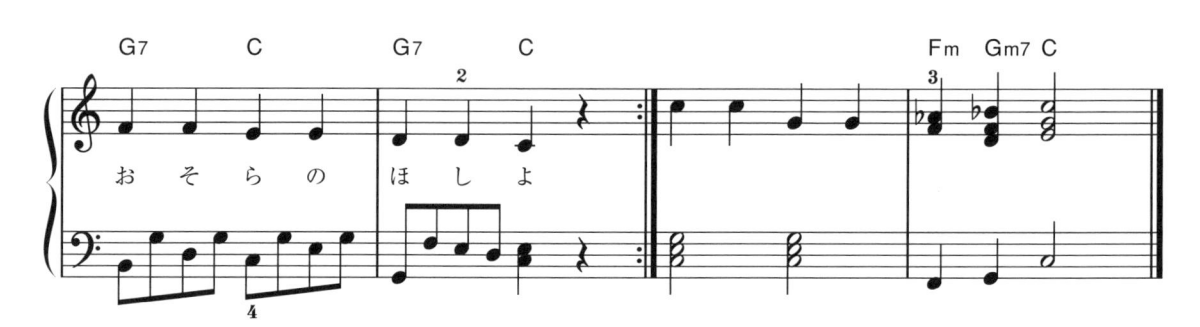

グリーングリーン

片岡 輝 作詞
B.マックガイア & R.スパークス 作曲
津布楽 杏里 編曲

1. あるひーパパと ふたりでーいったさ かたりーあったさ ぼくをむねにだき このよにいきるー つらくーかなしい
2. そのときパパが いったさめざめてー
3. あるあさぼくは めざめてー そしてーしったさ このよにつらいー

よろこびーそして かなしみのことを グリーングリーン あ
ときにもーラララ なくんじゃなーいと
かなしいーことが あるってこーとを

おぞらにーは ことりがうたい グリーングリーン お
そよかぜふいて
くもがーはしり

かのうえにはララ みどりがもえーる
みどりがゆれーる
みどりがさわーぐ

© 1963 NEW CHRISTY MUSIC PUBLISHING CO.
All rights reserved. Used by permission.
Print rights for Japan administered by Yamaha Music Entertainment Holdings, Inc.

けんかのあと

つぶらくあんり 作詞/作曲

F C G G7
はおおーきくいきすって
7 けんかの あとを
い じわるの
C Fm C
かんがえよう
かなしく なってなみだが
さみしく
Am F6 Dm7 G7 C
1.
でちゃう
7 けんかは やめてなかなおり
い じわるは
C Am F6 Dm7 G
2.
わたしはり
けんかをしなくてよかっ
F Dm G7 C G7 C
たいじわるしなくてよかったよかった

公園にいきましょう

坂田 修 作詞/作曲
津布楽 杏里 編曲

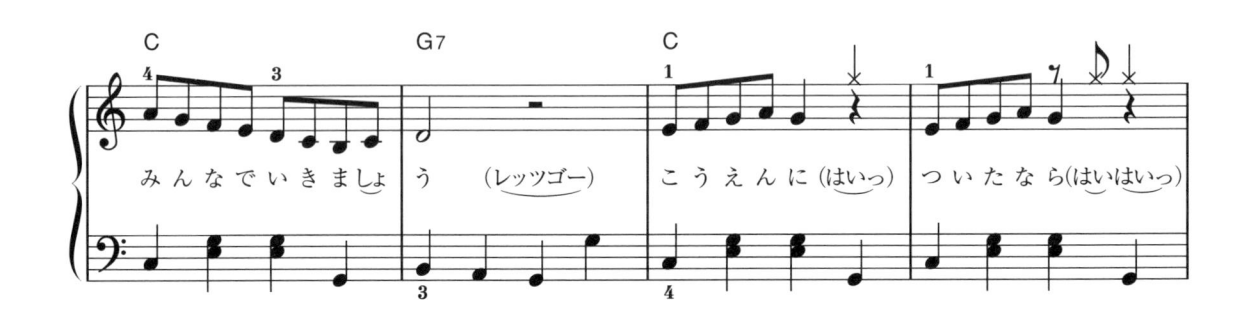

こうえんに(はいっ) いきましょう(はいはいっ)
みんなでいきましょう (レッツゴー) こうえんに(はいっ) ついたなら(はいはいっ)
わになりおどりましょう(ダンスダンスダンス) こんなにおてんきなのにね
おへやのなかばかりじゃ なんだかもったいないじゃないー

© 1997 by NHK Publishing, Inc.

F G7 C G7 C
じっとしていられない（はいっはいっはいっ）こうえんに（はいっ）いきましょう（はいはいっ）
C G7 C
みんなでいきましょう（レッツゴー）こうえんに（はいっ）ついたなら（はいはいっ）
C G7 to Φ C G7 C F
わになりおどりましょう（ダンスダンスダンス）うばぐるまもあかちゃんからー お
C G7 C E7 Am C
じいちゃんおばあちゃんまでみんな だれでも さそってあげましょにっこりー
F G7 C G7
てをつないでいこう（はいっはいっはいっ）
D.S.
Φ Coda
C G7 C
しょう（ダンスダンスダンス）ダンス

黄金虫

野口雨情 作詞
中山晋平 作曲
津布楽杏里 編曲

ゴリラのゴリちゃん

つぶらくあんり 作詞/作曲

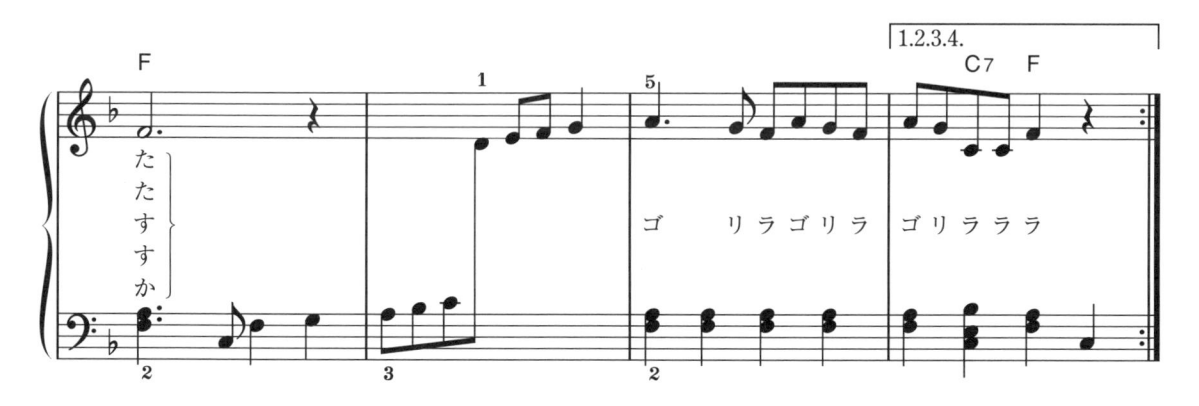

シャボン玉

野口雨情　作詞
中山晋平　作曲
津布楽杏里　編曲

1. シャボンだま とんだ やねまで とんだ
やねまで とんで こわれて きえた
かぜかぜ ふくな シャボンだま とばそ

2. シャボンだま きえた とばずに きえた
うまれて すぐに こわれて きえた
かぜかぜ ふくな シャボンだま とばそ

しょうじょうじの狸ばやし

野口雨情 作詞
中山晋平 作曲
津布楽杏里 編曲

シンデレラのスープ

小黒恵子 作詞
中村勝彦 作曲

1. チャッチャッ チャッチャッ カボチャのスープ ママがつくった じまーんのスープ
2. チャッチャッ チャッチャッ カボチャのスープ みんなよろこぶ おしゃれなスープ
3. チャッチャッ チャッチャッ カボチャのスープ ミルクをたっぷり おいしいスープ

シンデレラのばしゃ カボチャ カボチャ シンデレラのばしゃ カボチャ カボチャ
シンデレラのばしゃ カボチャ カボチャ シンデレラのばしゃ カボチャ カボチャ
シンデレラのばしゃ カボチャ カボチャ シンデレラのばしゃ カボチャ カボチャ

タンポポいろした シンデレラのスープ
チェリーをひといつぶの シンデレラのスープ
じゅもんはないしょの シンデレラのスープ

© 1988 by NHK Publishing, Inc. & Ompoo-sha.

そうだったら いいのにな

井出隆夫 作詞
福田和禾子 作曲
津布楽杏里 編曲

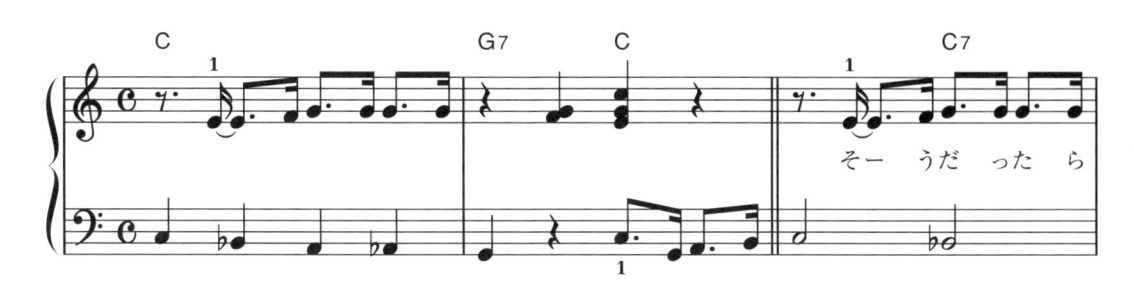

すばらしい地球

つぶらくあんり 作詞/作曲

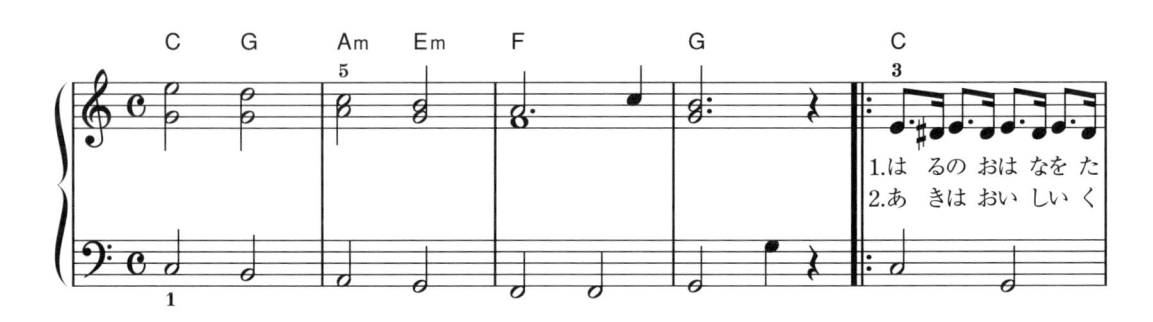

1. はるのおはなをた くさん みつけよう （春の 花の 名前） なまえ もしらない かみさまが くれた みたこと ないはな たーくーさん きっーとー なつのおやさい ふゆのよるはほ もりもりたべよう （夏の野菜の名前） どれも いろがきれ きょうこそ ながれほ

2. あきはおいしいく だもの ができーる （秋のくだものの名前） ごほうびなーんだ しぞらをみよーう （冬の星座の名前）

119

世界中のこどもたちが

新沢としひこ　作詞
中川ひろたか　作曲
津布楽 杏里　編曲

B Em A D B
ようぼくらの ゆめをとどけ ようぼくらの こえをさかせ ようぼくらの
Em A D7 G
はなをせかい に にじをかけ よう せかい じゅう のこどもた
G Am
ちが いちど に うたっ たら そらも う たう だ
D7 to Φ C D7 1. G 2. G
ろう ラララ うみも うた うだ ろう ラララ ろう せかい
D.S.
Φ Coda
C D7 G E♭ G
うみもう た うだ ろう ー

小さな世界

若谷和子 日本語詞
シャーマン兄弟 作曲

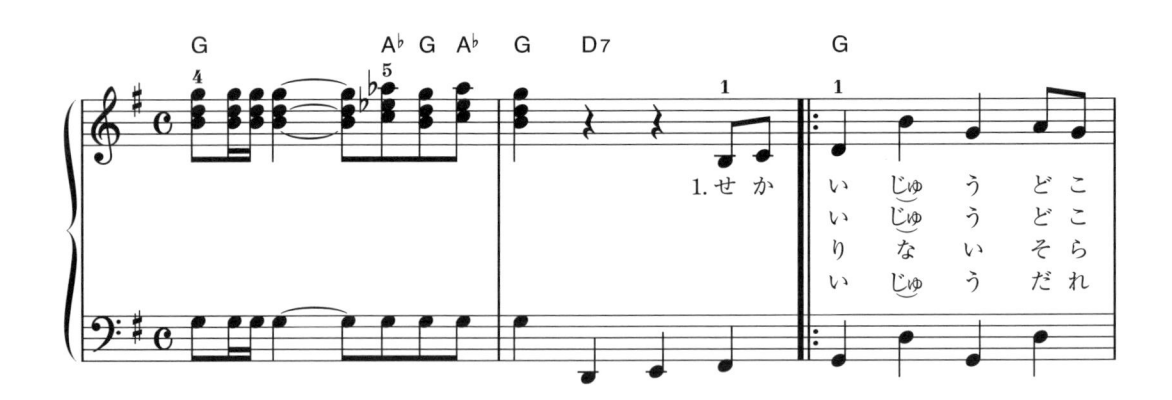

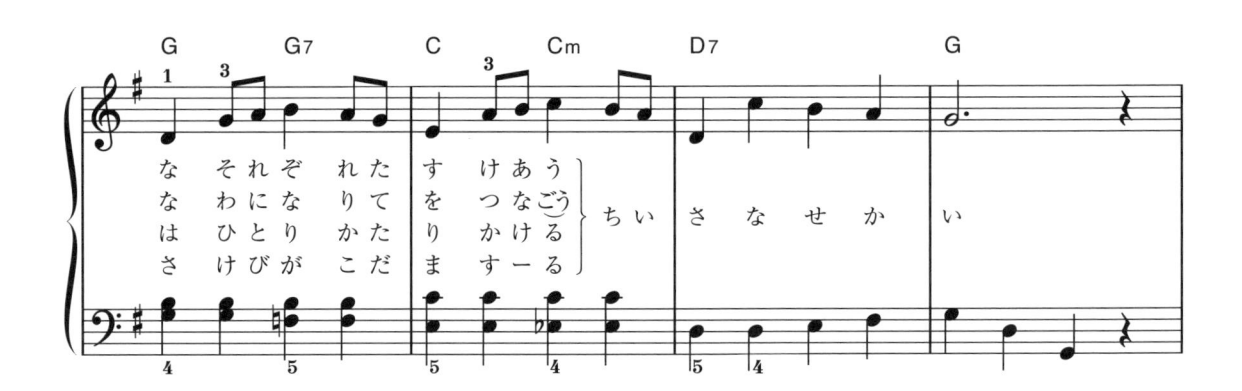

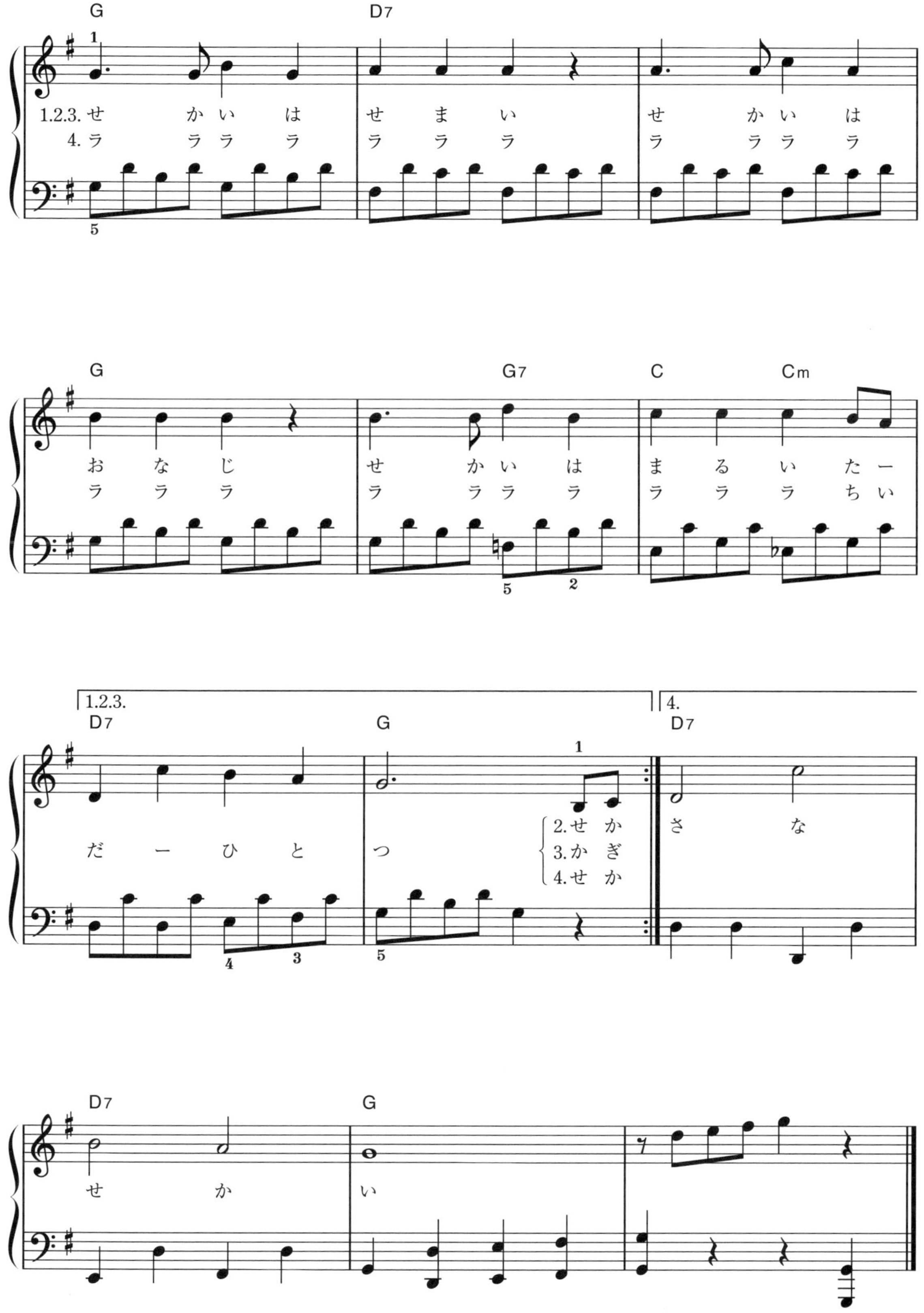
G D7
1.2.3. せ か い は せ ま い せ か い は
4. ラ ラ ラ ラ ラ ラ ラ ラ ラ ラ ラ
G G7 C Cm
お な じ せ か い は ま る い た ー
ラ ラ ラ ラ ラ ラ ラ ラ ラ ラ ち い
1.2.3. D7 G
だ ー ひ と つ
2.せ か
3.か ぎ
4.せ か
4. D7
さ な
D7 G
せ か い

手のひらを太陽に

やなせたかし　作詞
いずみたく　作曲
津布楽 杏里　編曲

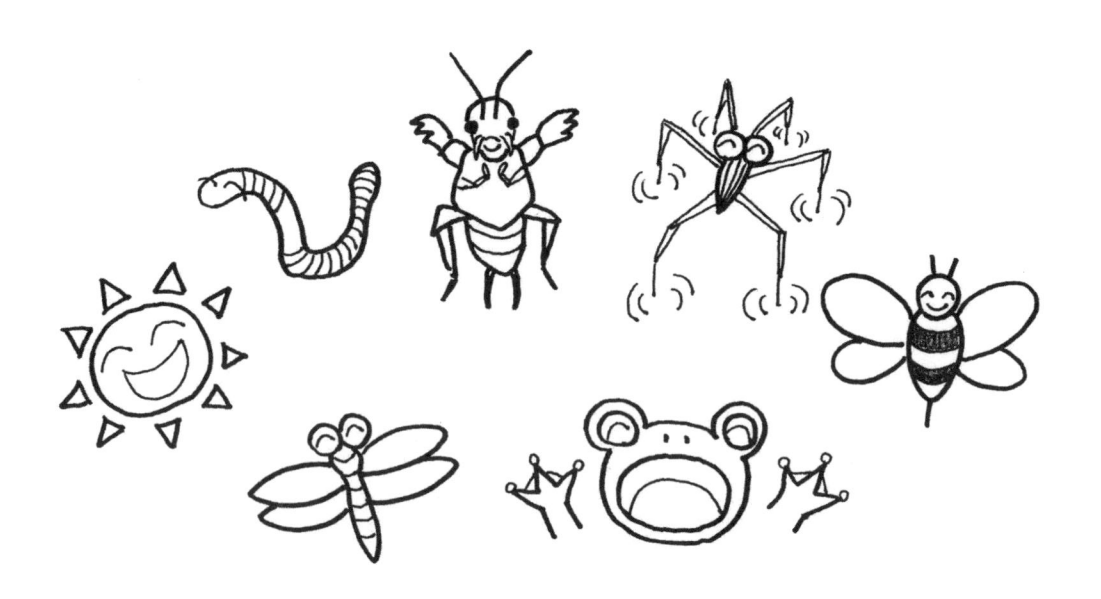

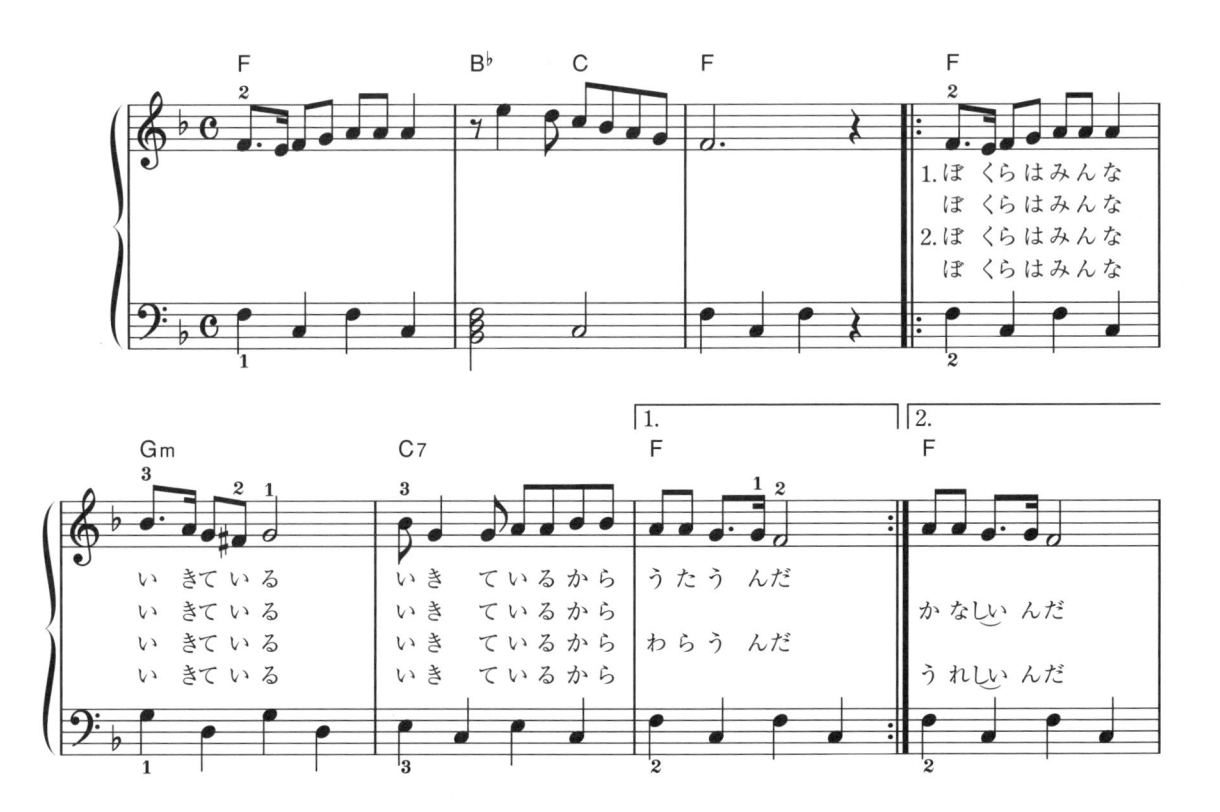

1. ぼ くらはみんな
   ぼ くらはみんな
2. ぼ くらはみんな
   ぼ くらはみんな

い きている　　い き ている から　うたう んだ
い きている　　い き ている から　　　　　　　かなしいんだ
い きている　　い き ている から　わらう んだ
い きている　　い き ている から　　　　　　　うれしいんだ

© 1965 by All Staff Music Co., Ltd.

125

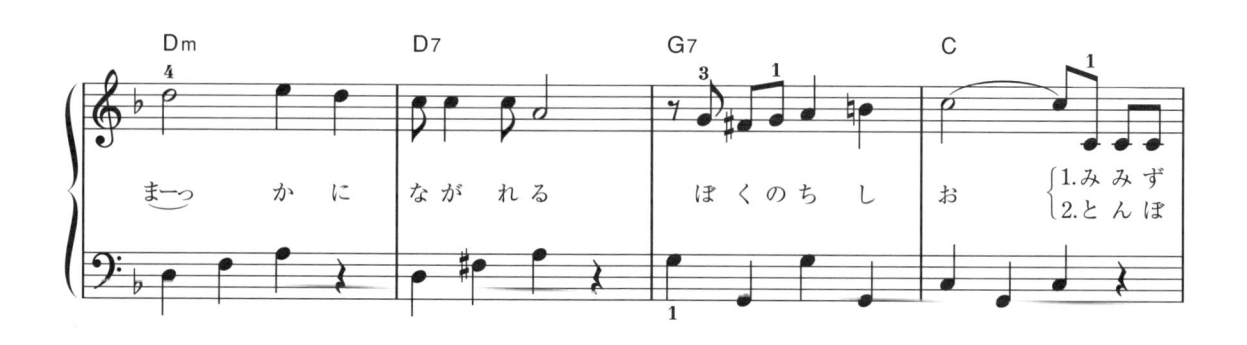

ドキドキドン！一年生

伊藤 アキラ 作詞
櫻井 順 作曲
津布楽 杏里 編曲

Am
Em
だれでもさいしょは
みんなもおんなじ
しんぞうおさえて
いちねんせい
(いちねんせい
Am
D7
G
ドキドキするけど
ドンとい
け
C
G C
1.2.
G C
ドキドキドン!
いちねんせい
ドキドキドン!
いちねんせい
3.
C G C
8va
A♭ C F C
いちねんせい

ともだち讃歌

阪田寛夫　作詞
アメリカ民謡
小森昭宏　編曲

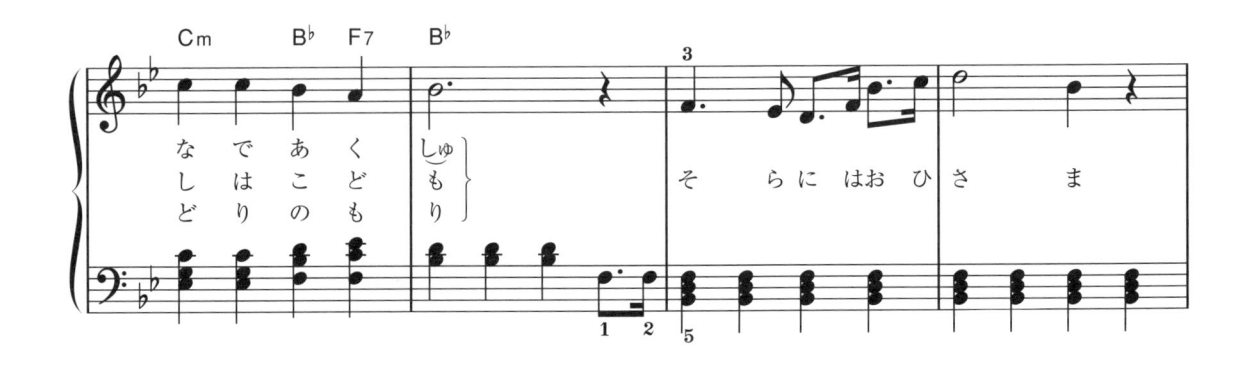

1. ひとりとひとりが うでくめば たちまちだれでも なかよしさ ともだちさ あやあみなさん やおひげをはアフリカ こんにちは おじさんポリネシア なかよしだぞ ことはない
2. ロビンフッドに トムソーヤー みんなぼくらの なかまだぞ
3. せかいのともだち あつまれば なんにもおそれる ことはない

なしどではありあこのくども しゅもり そらにはおひさま

E♭ B♭ D Gm Gm7
1 3
あ しも とに ち きゅ う みー んな みん なあ つ ま れ みん
1.2. 3.
Cm B♭ F7 B♭ B♭ Gm Cm B♭ F7
な で う た え え イチ ニッ みん な で う た
B♭ Gm Cm B♭ F7 B♭ Gm Cm B♭ F7
え ワン トゥ みん な で う た え アイン ツバイ みん な で う た
B♭ Gm Cm B♭ F7 B♭
え ウノ ドス みん な で う た え ー

ドロップスのうた

まど・みちお 作詞
大中 恩 作曲
津布楽杏里 編曲

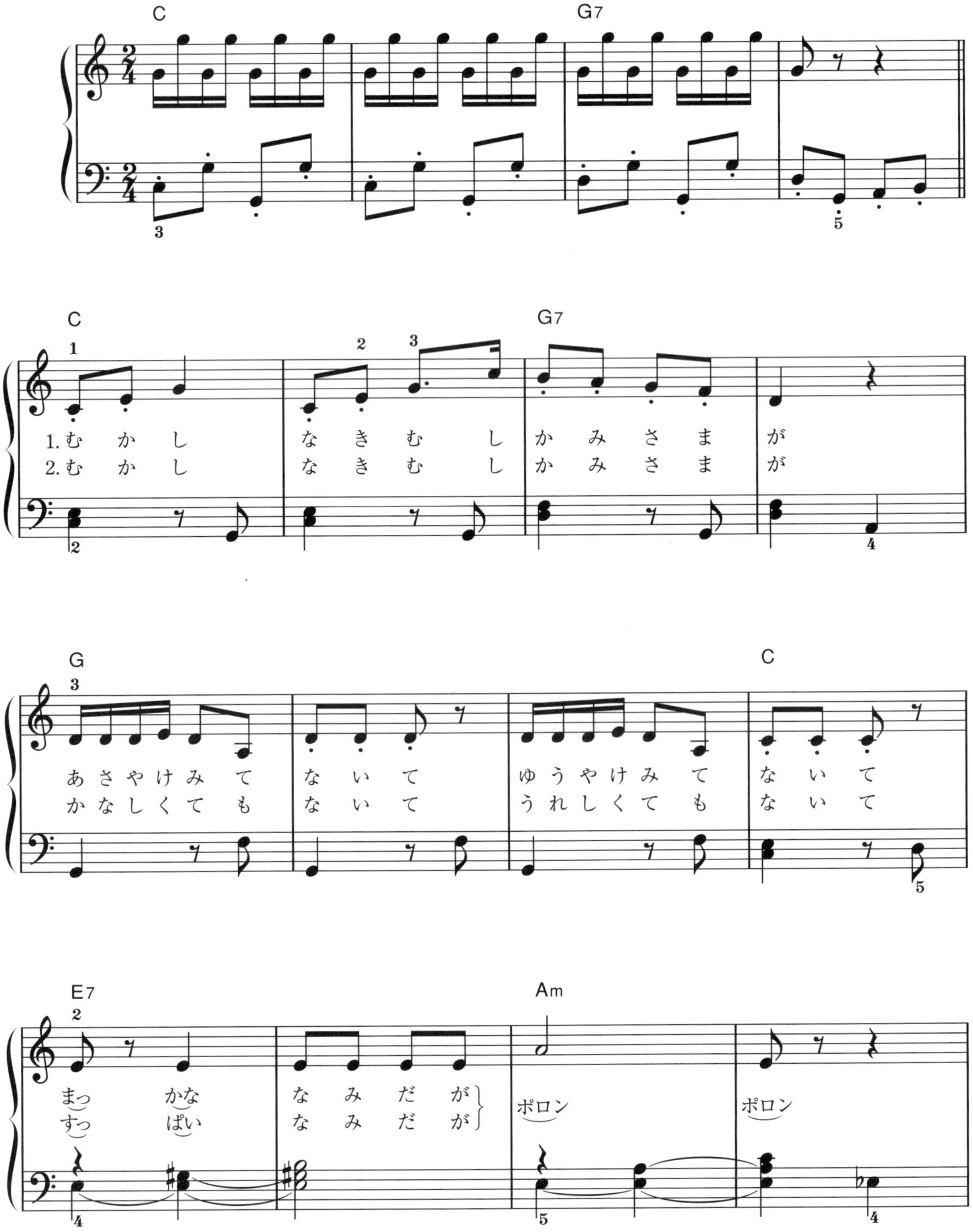

Dm E7 Dm7
きいろい なみだが ポロン ポロン それが
あまい なみだが
G C Am Dm C G7
せかいじゅうに ちらばって いまでは ドロップ
C G7 C G7
スー こどもが なめます
たべます
C G7 C
ぺろん ぺろん おとなが なめます ぺろん ぺろん
ちゅるん ちゅるん たべます ちゅるん ちゅるん
C G7 D♭7 C6

とんでったバナナ

片岡 輝 作詞
櫻井 順 作曲
津布楽杏里 編曲

1. バナナが いっぽん ありました
2. ことりが いちわ ましました
3. きみは いっぴき のこりました
4. ワニが いっぴき あやしい
5. ワニと バナナが おどりだした
6. おふねが いっそう とおく

みのった バナナが みのりのきのした
みなみのしま そらのしかなかまに
おいしそう のしかたですリさん
あやこと しぼン のすっかり すすんで
ボン ツルはや ツルちょう
ひげ
ボコ マツ せん

F　Em　D　D7
こども　が　ふたりで　とり　や　っ　こ　バナ　ナは　ツ　ルン　と
おそ　ら　を　みあ　げた　その　と　き　に　バナ　ナが　ツ　ルン　と
こ　れ　は　たい　へん　いち　だ　い　じ　バナ　ナが　ツ　ルン　と
おど　り　を　おど　って　おり　ま　す　と　バナ　ナが　ツ　ルン　と
あん　ま　り　ちょう　しに　のり　す　ぎ　て　バナ　ナは　ツ　ルン　と
グー　グ　ー　おひ　るね　いい　き　も　ち　おく　ちを　ポ　カン　と
G　C　G7　C
とん　でっ　た　バ　ナ　ナ　は　ど　こ　へ　いっ　た　か　な
とび　こん　だ　は　ね　も　な　い　の　に　ふん　わ　り　こ
にげ　だし　た　た　べ　ら　れちゃう　なん　て　やな　こ　っ　た
とん　でき　た　お　ひ　さ　まにこ　に　こ　いい　て　ん　き
とん　でっ　た　バ　ナ　ナ　は　ど　こ　へ　いっ　た　か　な
あけ　てた　ら　バ　ナ　ナ　がスポ　ン　と　とび　こ　ん　だ
1.2.3.4.5.
C　G7　C　G7
バ ナ ナ ン バ ナ ナ ン　バ　ナ ァ ナ
6.
C　G7　C　D♯dim　C　G7　C
モ グ モ グ モ グ モ グ　た べ ちゃっ た　た　べ ちゃっ た　た べ ちゃっ た

どんな色がすき

坂田　修　作詞・作曲
津布楽杏里　編曲

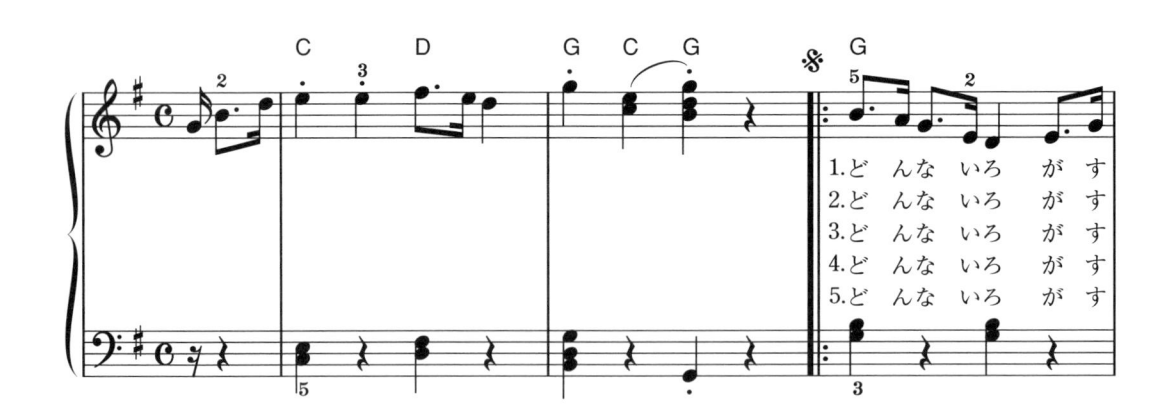

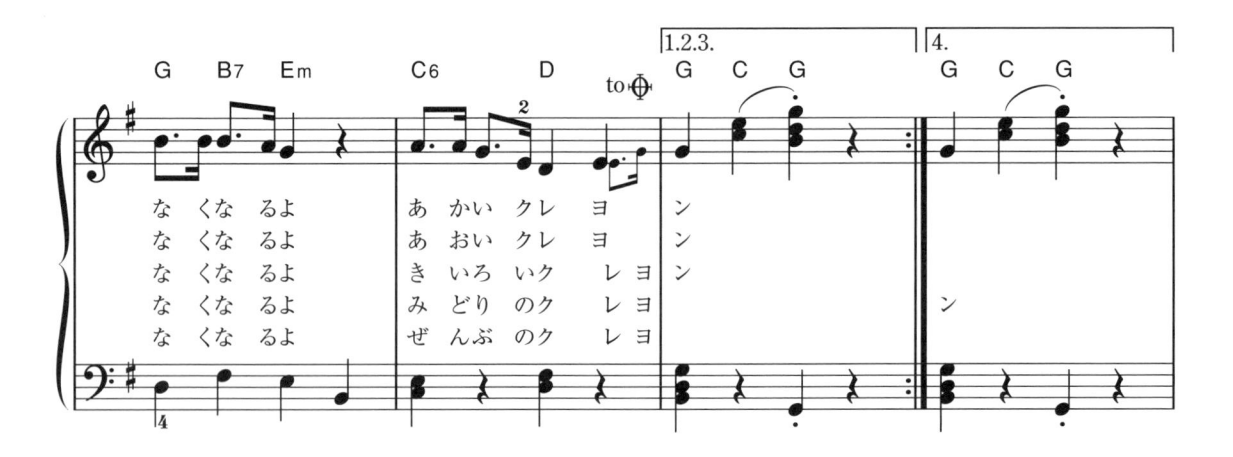

© 1992 by NHK Publishing, Inc., & Victor Music Arts, Inc. & Tanabe Agency Co., Ltd.

135

はじめの一歩

新沢としひこ 作詞
中川ひろたか 作曲
津布楽 杏里 編曲

C F G C F G
ぽ　あしたに　いーっぽ　きょうから　なーにも
C Em A Dm G7 C F G
かもが　あたらーしい　はじめの　いーっ
C F G C
ぽ　あしたに　いーっぽ　ゆうき
うまれ
F G C Em A Dm G7
をもーってお　おきく
かわーってお　おきく
いーっぽあるきだ
1. 2.
C C F Fm C
せ　せ

はたらくくるま

伊藤アキラ 作詞
越部信義 作曲
津布楽杏里 編曲

あつまれー いろんな くるまー どんどん でてこい はたらくくるまー

1. はがきやおてがみ あつめるゆうびん しゃ (ゆうびんしゃ) まちじゅうきれいに おそうじせいそう しゃ (せいそうしゃ) けがにんびょうにん
2. じどうしゃいっぱい はこべるカーキャリ アト (カーキャリア) ひっこしにもつは おまかせパネルバ ン (パネルバン) こわれたくるまを
3. おもたいにもつを あげさげフォークリフ ト (フォークリフト) じめんのでこぼこ たいらにブルドー ザー (ブルドーザー) おおきないしでも

© 1986 by FUJIPACIFIC MUSIC INC.

C
G7
いそいできゅうきゅう しゃ (きゅうきゅうしゃ) ビルのかじには
うごかすレッカー しゃ (レッ カー しゃ) ガソリンまんたん
らくらくショベルカ ー (ショベ ルカ ー) ジャリをいっぱい
G7
C
C7
F
はし ごしょうぼう しゃ (はしごしょうぼうしゃ)
はいた つタンクロー リー (タンクローリー) いろん な
つみこ むダンプカ ー (ダンプカー)
F
Em
A
Dm
くるまがー あるん だなあ ー いろん な
Dm
D7
G
C
Am
おしごとー あるん だなあ ー はしる！はしる！
1.2.
3.
F
G7
C
C
はたらくくる まー！

ふるさと

高野辰之 作詞
岡野貞一 作曲
津布楽杏里 編曲

やぎさんゆうびん

まど・みちお 作詞
團 伊玖磨 作曲
津布楽 杏里 編曲

ぼくの神さま

津布楽 杏里 作詞/作曲

1.2. かみさま どこに いるのか な

1. めに はみえ ない
2. いつ かかな らず

さわれ ない だ
あえるん だ
あいさつしても
たいようよりも

ーーしらんぷ　　　り
ーーおおき　く　　て

いたずらした　の　が　　みつかった　か　な
ライオンよーり　も　　つよ　い　ん　だ

ぼ　く　の　か　み　さ　ま

ど　こ　か　に　い　る　よ

なんでも しってる もの しり はかせ みた ことないけど わかるん だ きっと どこかで わらって

145

ぼくのミックスジュース

五味太郎 作詞
渋谷 毅 作曲
津布楽杏里 編曲

1. おはようさん の おおごえと キラキラキラ の おひさまと
2. ともだち なか よし うたごえと スカッとはれ た おおぞらと
3. あのねーそれで ねの おはなしと ほんわかおふろ の いい きもちと

それに ゆう べの こわいゆめ
それに けんかの べそっかき みんなミキサーに ぶちこんで
それに ひざこ ぞうの すりきずを

© 1982 by NHK Publishing, Inc.

D
G
あさは
ひるは
よるは
ミックスジュース ミックスジュース ミックスジュース
D7
G
Gaug
C
こいつをググッと のみほせば
D7
G
1.2.
E7
A
きょうはいいこと あるかもね
なんでもかんでも いいちょうし
あとはぐっすり ゆめのなか
D
3.
G

南の島のハメハメハ大王

伊藤 アキラ　作詞
森田 公一　作曲
津布楽 杏里　編曲

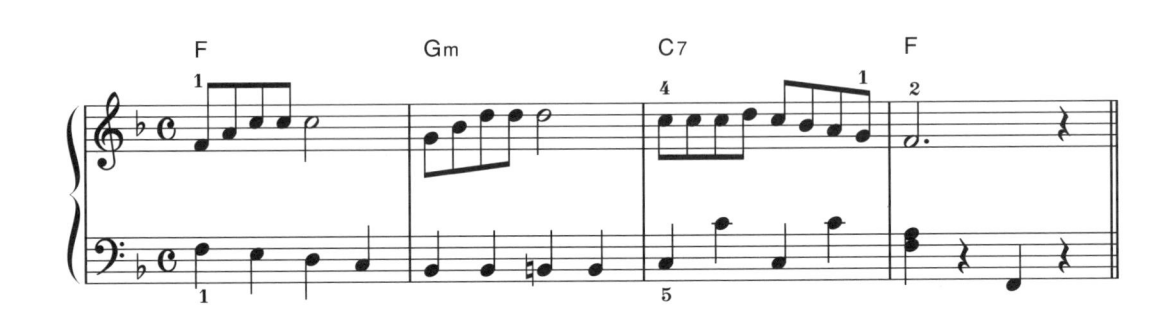

1. みなみのーしまの　だいおうは　そのなもいだいな　ハメハメハ
2. みなみのーしまの　だいおうは　じょおうのなまえも
3. みなみのーしまの　だいおうは　こどものなまえも
4. みなみのーしまに　すむひとは　だれでもなまえが

© 1983 by MUSICAL RIGHTS (TOKYO) K.K.

148

F Gm
ロマーンチックな おうさまで かぜのすべてが かれのうた
とてーもやさしい おくさんで あさひのあとで おきてきて
がっこうぎらいの こどもらで かぜがふいたら ちこくして
おぼーえやすいが ややこしい あうひとあうひと ハメハメハ
C7 F Gm
ほしのすべてが かれのゆめ
ゆうひのまえに ねてしまう
あめがふったら おやすみで
だれでもだれでも ハメハメハ
ハメハメハ ハメハメハ
C7 1.2.3. F 4. F
ハメハメハメハメ ハ ハ ハメハメハ
Gm C7 F
ハメハメハ ハメハメハメハメ ハ

虫歯建設株式会社

田中みほ 作詞
小杉保夫 作曲

1.ドドドドガガガガ ドドドドガガガガ ドリルとシャベル
2.ギギギギググググ ギギギギググググ おおきなペンチ

で ほり おこ せ！ おっ とこっ ちにゃ ｛チョコレート／ハンバーグ｝
で ひっ こぬ け！

なん とそっ ちにゃ ｛ビスケット／エビピーラフ｝

おいしい おたから ほり おこ せ！

© 1995 by NHK Publishing, Inc.

Am Em F C
はみがき してない ウワサをきけばー
はみがき さぼった
F D7
にしへ ひがしへー よばれ なくてもー
きたへ みなみへー めいわく しょうちでー
G C Am
さんじょういたすー ムシムシバババ ムシババババ
C G F Em Am
ムシムシバババ ムシババババ オレたちゃ はたらくー
G C G7 C C
1. 2.
むしばけんせつ かぶしきがいしゃー ー ー

虫歯の子供の誕生日

みなみらんぼう 作詞・作曲
津布楽 杏里 編曲

1. あしたのあさーは
   ボクのーたんじょうび
   ママがつくった
   かわいいケーキに
   ローソクをたてて
   ともだちをよんで
   あまいおちゃをのもう
   ブドウバナナや

2. むしばがいたいよ
   ボクのーたんじょうび
   わるいことなど
   していないのに
   かみさまたすけて
   これからまいにち
   はをみがきーますー
   ママがいます

© 1978 by Giant Steps.

C A D D7 G7 F
アイスクリームも たくさんたべれる な だけ どボクは
ものをたべたらー すぐはをみがきな さい だけ どボクにゃ
だけ どボクにゃ
Fm C F
むしばがいたい あしたになったら なおるかな カガミのまえで
まえばがないよ むしばのむしーに たべられた いつになったら
まえばがないよ むしばのむしーに たべられた いつになったら
Fm C G C
くちをあけたら むしばのむしーが だいせんそう
はえてくるのか のこりのむしばも だいせんそう ボク は
はえてくるのか のこりのむしばも だいせんそう
1. 2.
G G7 C Fm to Coda C G7 C C7
アー もう だめ だ ー ー
D.S.
Coda
rit. a tempo
C F C G7 Cm G7 C
ー

わたあめ雲

つぶらくあんり 作詞/作曲

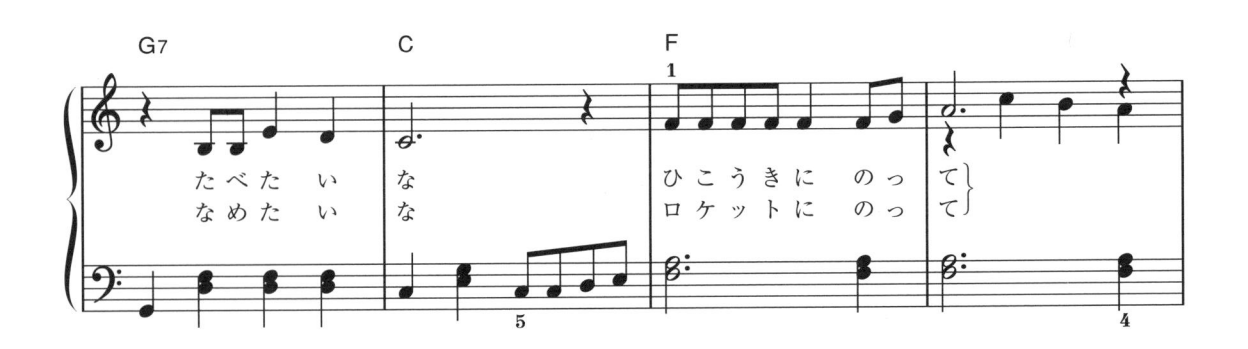

Em
D7
わたあめぐも　を　ー
おくち　に　いっ　ぱい
ふくろ　に　いっ　ぱい
G7
C
Em
つめこん　で　ー
パクパ　ク　パク　パク
モグモ　グ　モグ　モグ
F
G7
C
C
Dm
たべた　い　な
G7
C
A♭
C

私の空

津布楽 杏里 作詞/作曲

しのー ーこころは いま なにいろー でしょう

Dm G C Em Am F
なつのそらをうつすかがみになりたい
G C Em
い　さきの　みえないそらは
F C Dm G
どこまでもひろく　かぜがふけば
C Em Am F G7 C C7
くもはとおくにながれる

158

159

アルプス一万尺

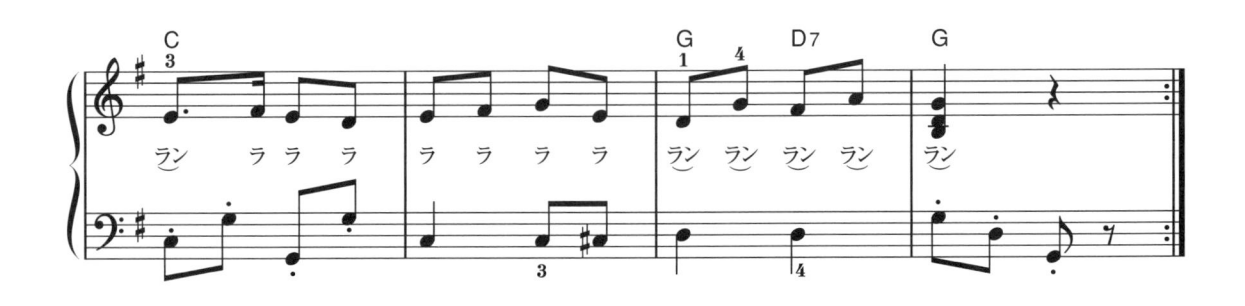

不詳 作詞
アメリカ民謡
津布楽杏里 編曲

かもつれっしゃ

山川啓介 作詞
若松正司 作曲
津布楽杏里 編曲

シュッ シュッ シュッ　いそげ いそげ　シュッ シュッ シュッ　こんど の えき で / そっち へ ゆく ぞ

シュッ シュッ シュッ　つもう よ に もつ / ゆずれ よ せ ん　つろ　ガチャン

1.2. かも つれっしゃ

© 1980 by NHK Publishing, Inc. (music only)

こぶたぬきつねこ

山本直純 作詞・作曲
津布楽杏里 編曲

山賊の歌

田島　弘　作詞
小島祐嘉　作曲
津布楽杏里　編曲

手をたたこう

つぶらくあんり 作詞/作曲

165

しりとりうた

やきいもグーチーパー

阪田寛夫 作詞
山本直純 作曲
津布楽杏里 編曲

March No.1

津布楽 杏里　作曲

March No.2

津布楽 杏里　作曲

March No.3

津布楽 杏里　作曲

March No.4

津布楽 杏里　作曲

March No.5（入場）

津布楽 杏里　作曲

173

March No.6 （退場）

津布楽 杏里　作曲

175

March No.7

津布楽 杏里　作曲

177

さまざまな音

チャイム・1

チャイム・2

チャイム・3

チャイム・4

チャイム・5

正解音

不正解音

踏切・警報音

救急車（サイレン音）

弾いてみよう

津布楽 杏里　編曲

あいさつ（礼）

交響曲第5番「運命」第一楽章より　L.v. ベートーヴェン　作曲

「お人形の夢と目ざめ」より　T. オースティン　作曲

「クシコス・ポスト」より　H. ネッケ　作曲

"婚礼の合唱" ～歌劇「ローエングリン」より

W.R. ワーグナー　作曲

"結婚行進曲"〜「真夏の夜の夢」より

F. メンデルスゾーン　作曲

索引（アイウエオ順）

あ	秋のワルツ	津布楽杏里	38
	朝いちばんはやいのは	阪田寛夫／越部信義	76
	朝のうた	増子とし／本多鉄麿	6
	あつまれ！ファンファンファン	井出隆夫／越部信義	78
	あなたのお名前は	作詞者不詳／インドネシア民謡	27
	雨	津布楽杏里	42
	雨の季節	津布楽杏里	37
	ありがとう（卒園）	つぶらくあんり	66
	アルプス一万尺	作詞者不詳／アメリカ民謡	160
い	生きてるんだ	つぶらくあんり	80
	1・2の3のごあいさつ	藤 公之介／小林亜星	8
	一年じゅうの歌	岡本敏明／アメリカ民謡	9
	一週間	音楽舞踊団カチューシャ（訳詞）／ロシア民謡	28
	いっしょにあそぼ〜	松本真一／つぶらくあんり	82
	いつもよい子でねって言うけれど	津布楽杏里	86
	犬のおまわりさん	佐藤義美／大中 恩	90
う	兎のダンス	野口雨情／中山晋平	77
	うたえバンバン	阪田寛夫／山本直純	92
	うみ	林 柳波／井上武士	44
	うるわしき朝も	こども賛美歌より	7
	うれしいひな祭り	サトウハチロー／河村光陽	7
	うんどうかい	則武昭彦	61
	うんどうかい	三越左千夫／木原 靖	62
お	大きくなったら	つぶらくあんり	94
	おかあさん、おとうさん	つぶらくあんり	96
	おかえりのうた	天野 蝶／一宮道子	23
	おかたづけ	作詞作曲者不詳	23
	お月さま	津布楽杏里	97
	おててをあらいましょう	作詞作曲者不詳	29
	おなかのへるうた	阪田寛夫／大中 恩	100
	お話のはじまり	つぶらくあんり	30
	おはようのうた	田中忠正／河村光陽	10
	おはようの歌	高 すすむ／渡辺 茂	11
	お昼のうた	つぶらくあんり	12
	おべんとう	天野 蝶／一宮道子	14
	おもいでかぞく	つぶらくあんり	72
	おやつ	則武昭彦	31
か	かえるのがっしょう	岡本敏明／ドイツ民謡	101
	肩たたき	西條八十／中山晋平	102
	かっぱなにさま？かっぱさま！	もりちよこ／坂出雅海	104
	かもつれっしゃ	山川啓介／若松正司	161
き	季節いろいろ	つぶらくあんり	45
	きのこ	まど・みちお／くらかけ昭二	46
	きよしこの夜	由木 康／F. グルーバー	63
	きらきら星	武鹿悦子／フランス民謡	106
く	グリーングリーン	片岡 輝／B. マックガイア＆R. スパークス	107
け	けんかのあと	つぶらくあんり	108
こ	こいのぼり	絵本唱歌／近藤宮子／無名著作物	48
	公園にいきましょう	坂田 修	110
	黄金虫	野口雨情／中山晋平	112
	こぶたぬきつねこ	山本直純	162
	子もり歌	野上 彰／團 伊玖磨	16
	ゴリラのゴリちゃん	つぶらくあんり	113
さ	さよなら	岡本敏明／ドイツ民謡	24

	さよならのうた	高 すすむ／渡辺 茂	25
	さよならの歌	田中忠正／河村光陽	26
	さよならぼくたちのほいくえん（ようちえん）	新沢としひこ／島筒英夫	74
	山賊の歌	田島 弘／小島祐嘉	163
し	シャボン玉	野口雨情／中山晋平	114
	じゃんけんの歌	つぶらくあんり	32
	シューベルトの子守歌	内藤 濯（訳詞）／F. シューベルト	17
	しょうじょうじの狸ばやし	野口雨情／中山晋平	115
	しりとりうた	つぶらくあんり	166
	シンデレラのスープ	小黒恵子／中村勝彦	116
す	すばらしい地球	つぶらくあんり	118
せ	世界中のこどもたちが	新沢としひこ／中川ひろたか	120
そ	そうだったら　いいのにな	井出隆夫／福田和禾子	117
ち	小さな世界	若谷和子（日本語詞）／シャーマン兄弟	122
	中国地方の子守歌	中国地方民謡／山田耕筰	18
て	手のひらを太陽に	やなせたかし／いずみたく	124
	てるてる坊主	浅原鏡村／中山晋平	49
	手をたたこう	つぶらくあんり	164
と	トイレのマーチ	つぶらくあんり	33
	遠き山に日は落ちて	堀内敬三／A. ドヴォルザーク	34
	ドキドキドン！一年生	伊藤アキラ／櫻井 順	126
	どこでしょう（お当番さんの歌）	外国曲	35
	ともだち讃歌	阪田寛夫／アメリカ民謡	128
	ドロップスのうた	まど・みちお／大中 恩	130
	どんぐりころころ	青木存義／梁田 貞	35
	ドングリ坂のドングリ	新沢としひこ／中川ひろたか	50
	とんでったバナナ	片岡 輝／櫻井 順	132
	どんな色がすき	坂田 修	134
	とんぼのめがね	額賀誠志／平井康三郎	52
ね	ねぇ、しってた？	松本真一／つぶらくあんり	69
	眠りの精	堀内敬三（訳詞）／ドイツ民謡・J. ブラームス	19
は	はじめの一歩	新沢としひこ／中川ひろたか	136
	はたらくくるま	伊藤アキラ／越部信義	138
	ハッピー・バースデー・トゥ・ユー	P.S. ヒル＆M.J. ヒル	64
ひ	日々のかてを（食前のうた）	賛美歌より	15
ふ	ブラームスの子守歌	武内俊子／J. ブラームス	20
	ふるさと	髙野辰之／岡野貞一	140
ほ	ぼくの神さま	津布楽杏里	142
	ぼくのミックスジュース	五味太郎／渋谷 毅	146
ま	まっかな秋	薩摩 忠／小林秀雄	53
	まつぼっくり	広田孝夫／小林つや江	54
	豆まき	絵本唱歌	55
み	南の島のハメハメハ大王	伊藤アキラ／森田公一	148
む	虫のこえ	文部省唱歌	56
	虫歯建設株式会社	田中みほ／小杉保夫	150
	虫歯の子供の誕生日	みなみらんぼう	152
も	もえろよもえろ	串田孫一／フランス民謡	65
	モーツァルトの子守歌	堀内敬三（訳詞）／B. フリース	21
や	やきいもグーチーパー	阪田寛夫／山本直純	167
	やぎさんゆうびん	まど・みちお／團 伊玖磨	141
ゆ	夕やけこやけ	中村雨紅／草川 信	36
	雪	文部省唱歌	57
	雪だるまのだるりん	津布楽杏里	58
	ゆりかごのうた	北原白秋／草川 信	22
よ	夜が明けた	岡本敏明／フランス民謡	22
わ	わたあめ雲	つぶらくあんり	154
	私の空	津布楽杏里	156

ピアノ演奏のための小楽典
Basic Knowledge for Piano Performance

拍子記号

拍子は大きく分けて **2拍子系**（2拍子／6拍子）と **3拍子系**（3拍子／9拍子）と **4拍子系**（4拍子／12拍子）とに大別されます。拍子記号は主に分数や記号で書き表されますが、分数の形で示される場合、**分母にあたる数字は1拍に数える音符の種類**で、**分子に当たる数字は拍子の種類**を示します。たとえば $\frac{2}{4}$ は4分音符を1拍とした2拍子ということになります。実際によく使われる拍子について次の表で確認してみましょう。

2拍子系	$\frac{2}{2}$ または ¢	2分の2拍子	2分音符を1拍とした2拍子	♩ ♩	単純拍子
	$\frac{2}{4}$	4分の2拍子	4分音符を1拍とした2拍子	♩ ♩	単純拍子
	$\frac{6}{8}$	8分の6拍子	8分音符を1拍とした6拍子	♩. ♩. （♪♪♪ ♪♪♪）	複合拍子
3拍子系	$\frac{3}{2}$	2分の3拍子	2分音符を1拍とした3拍子	♩ ♩ ♩	単純拍子
	$\frac{3}{4}$	4分の3拍子	4分音符を1拍とした3拍子	♩ ♩ ♩	単純拍子
	$\frac{9}{8}$	8分の9拍子	8分音符を1拍とした9拍子	♩. ♩. ♩. （♪♪♪ ♪♪♪ ♪♪♪）	複合拍子
4拍子系	$\frac{4}{4}$ または C	4分の4拍子	4分音符を1拍とした4拍子	♩ ♩ ♩ ♩	単純拍子
	$\frac{4}{8}$	8分の4拍子	8分音符を1拍とした4拍子	♪ ♪ ♪ ♪	単純拍子
	$\frac{12}{8}$	8分の12拍子	8分音符を1拍とした12拍子	♩. ♩. ♩. ♩. （♪♪♪ ♪♪♪ ♪♪♪ ♪♪♪）	複合拍子

よく使われる音楽記号

ff （フォルティッシモ）……………………非常に強く
f （フォルテ）………………………………強く
mf （メゾ・フォルテ）………………………やや強く
mp （メゾ・ピアノ）…………………………やや弱く
p （ピアノ）…………………………………弱く
pp （ピアニッシモ）…………………………非常に弱く
cresc. （クレッシェンド）……………………だんだん強く
decresc. （デクレッシェンド）………………だんだん弱く
dim. （ディミニュエンド）……………………だんだん弱く
♩♩ （スタッカート）…………………………その音を短く切る
D.C. （ダ・カーポ）……………………………曲の始めにもどる
D.S. （ダル・セーニョ）………………………曲の途中（𝄋のついている場所）にもどる
Fine （フィーネ）………………………………終わり
⊕ Coda （コーダ）……………………………終わりの部分
⌢ （フェルマータ）……………………………その音をのばす
♩♩ （アクセント）………………………………その音を特に強く
‖: :‖ （リピート記号）…………………………この記号の間をくりかえして演奏する
rit. （リタルダンド）…………………………次第に遅く
accel. （アッチェレランド）…………………次第に速く
a tempo （ア・テンポ）………………………もとの速さで
F.O. （フェード・アウト）………………………音量を徐々に絞り、音を消すこと
F.I. （フェード・イン）…………………………音量を徐々に上げ、規定の音量まで達すること
N.C. （ノン・コード）…………………………コード（和音）がないこと
8va （オクターヴ記号）………………………オクターヴ（完全8度）上／下を示す記号。この記号が音符の上部に記譜された場合はその部分を1オクターヴ高く、下部に記譜された場合は1オクターヴ低く演奏する。

よく使われる発想標語(奏法)

Agitato（アジタート）	激しく興奮して
Animato（アニマート）	いきいきと
Brillante（ブリランテ）	華麗に
Cantabile（カンタービレ）	歌うように
Comodo（コモド）	楽な気持ちで
Con moto（コン・モート）	元気よくいきいきと
Dolce（ドルチェ）	やさしく、やわらかく、美しく
Espressivo（エスプレッシーヴォ）	表情をもって
Grave（グラーヴェ）	重々しくどっしり
Legato（レガート）	なめらかに
Maestoso（マエストーソ）	堂々と尊厳をもって
Marcato（マルカート）	一つ一つの音をはっきりと
Passionato（パッショナート）	熱情をもって
Pastorale（パストラーレ）	田園的に
Scherzando（スケルツァンド）	愉快に、たわむれるように
Tenuto（テヌート）	音の長さを十分に保って
Vivo（ヴィーヴォ）	活発に、いきいきと

速度記号・速度標語

音楽の速さをテンポといい、曲のはじめに♩=80などと表示してその曲の速度を示します（M.M.=112などと表示してある場合もありますが、これはメトロノームの速度をあらわしたもので意味は同じです）。ちなみに♩=80とは、4分音符を1拍として1分間に80回カウントする速さという意味です。またテンポは、次のような**速度標語**で表記する場合もあります。

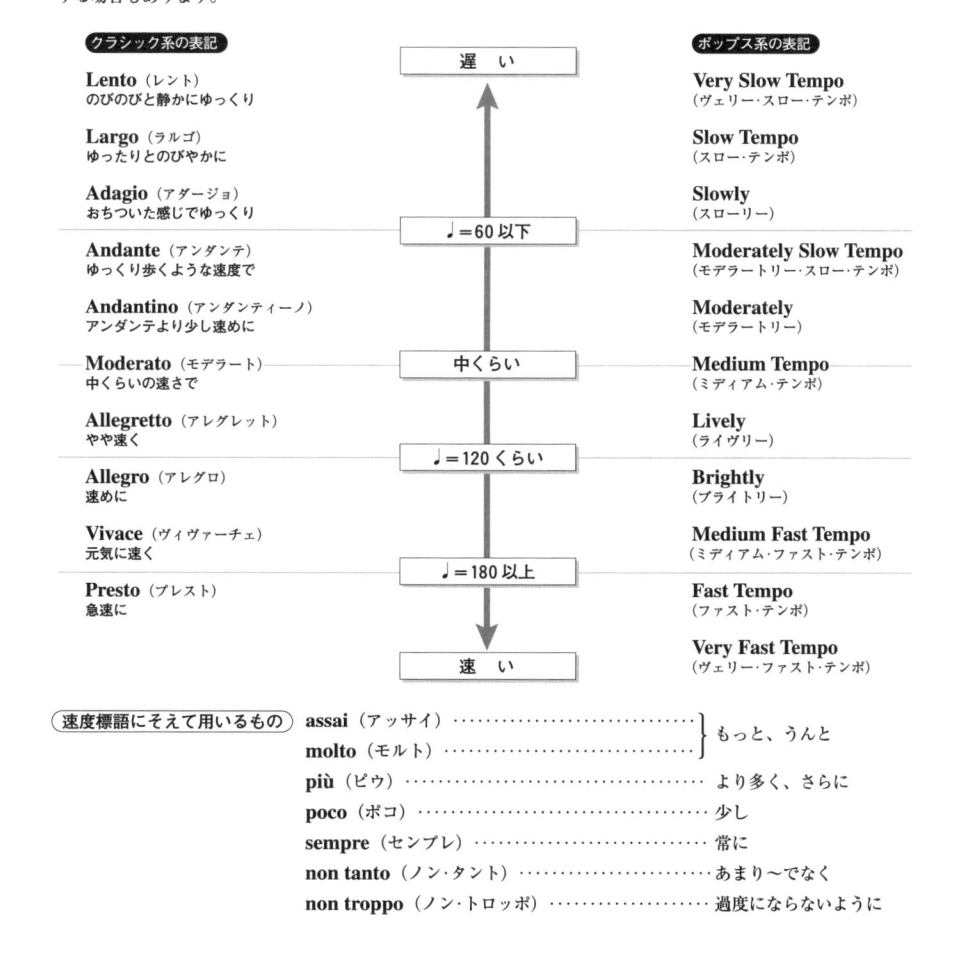

クラシック系の表記 ／ ポップス系の表記

遅い
- **Lento**（レント） のびのびと静かにゆっくり ／ **Very Slow Tempo**（ヴェリー・スロー・テンポ）
- **Largo**（ラルゴ） ゆったりとのびやかに ／ **Slow Tempo**（スロー・テンポ）
- **Adagio**（アダージョ） おちついた感じでゆっくり ／ **Slowly**（スローリー）

♩=60 以下

- **Andante**（アンダンテ） ゆっくり歩くような速度で ／ **Moderately Slow Tempo**（モデラートリー・スロー・テンポ）
- **Andantino**（アンダンティーノ） アンダンテより少し速めに ／ **Moderately**（モデラートリー）
- **Moderato**（モデラート） 中くらいの速さで ／ **Medium Tempo**（ミディアム・テンポ）

中くらい

- **Allegretto**（アレグレット） やや速く ／ **Lively**（ライヴリー）

♩=120 くらい

- **Allegro**（アレグロ） 速めに ／ **Brightly**（ブライトリー）
- **Vivace**（ヴィヴァーチェ） 元気に速く ／ **Medium Fast Tempo**（ミディアム・ファスト・テンポ）

♩=180 以上

- **Presto**（プレスト） 急速に ／ **Fast Tempo**（ファスト・テンポ）
- ／ **Very Fast Tempo**（ヴェリー・ファスト・テンポ）

速い

速度標語にそえて用いるもの

assai（アッサイ）	もっと、うんと
molto（モルト）	もっと、うんと
più（ピウ）	より多く、さらに
poco（ポコ）	少し
sempre（センプレ）	常に
non tanto（ノン・タント）	あまり〜でなく
non troppo（ノン・トロッポ）	過度にならないように

音符の長さ / 休符の長さ

音符の種類		4分音符を1拍とした時の数え方	4分音符を基準とした時の長さ	休符の種類	
𝅝	全音符	𝅝　1　2　3　4	4	𝄻	全休符
𝅗𝅥	2分音符	𝅗𝅥　1　2　𝅗𝅥　3　4	2	𝄼	2分休符
♩	4分音符	♩ ♩ ♩ ♩	1	𝄽	4分休符
♪	8分音符	♫♫♫♫　1と2と3と4と	$\frac{1}{2}$	𝄾	8分休符
𝅘𝅥𝅯	16分音符	𝅘𝅥𝅯𝅘𝅥𝅯𝅘𝅥𝅯𝅘𝅥𝅯　1と2と3と4と	$\frac{1}{4}$	𝄿	16分休符
𝅝.	付点全音符	𝅝. = 𝅝 + 𝅗𝅥	4 + 2	𝄻.	付点全休符
𝅗𝅥.	付点2分音符	𝅗𝅥. = 𝅗𝅥 + ♩	2 + 1	𝄼.	付点2分休符
♩.	付点4分音符	♩. = ♩ + ♪	$1 + \frac{1}{2}$	𝄽.	付点4分休符
♪.	付点8分音符	♪. = ♪ + 𝅘𝅥𝅯	$\frac{1}{2} + \frac{1}{4}$	𝄾.	付点8分休符

注意 上の表では、より理解しやすくするためにあえて4分音符（休符）を1拍として他の音符との長さの比較をしています。したがって、必ずしも4分音符が1拍ということではなく、2分音符や8分音符を1拍とする場合も多くあります。上の表を参考に、それぞれの**音符同士の相対的な長さの関係**を理解して下さい。

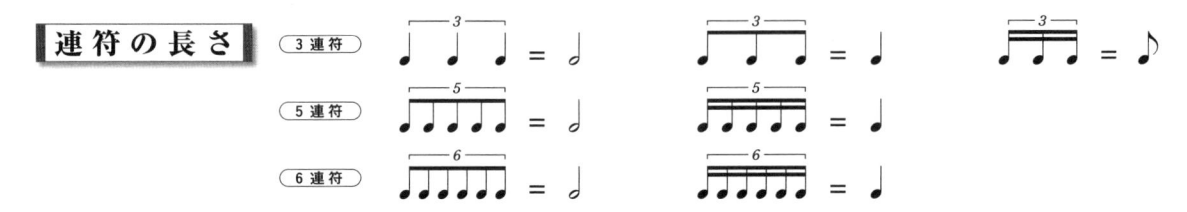

連符の長さ

3連符： ♩♩♩ (3) = 𝅗𝅥　　♪♪♪ (3) = ♩　　𝅘𝅥𝅯𝅘𝅥𝅯𝅘𝅥𝅯 (3) = ♪

5連符： ♪♪♪♪♪ (5) = 𝅗𝅥　　𝅘𝅥𝅯𝅘𝅥𝅯𝅘𝅥𝅯𝅘𝅥𝅯𝅘𝅥𝅯 (5) = ♩

6連符： ♪♪♪♪♪♪ (6) = 𝅗𝅥　　𝅘𝅥𝅯𝅘𝅥𝅯𝅘𝅥𝅯𝅘𝅥𝅯𝅘𝅥𝅯𝅘𝅥𝅯 (6) = ♩

反復記号の応用例

① リピート・マーク
| A ‖: B | C | D :‖ E ‖　　演奏順序 ▶ A−B−C−D−B−C−E
※曲の途中に ‖: がない場合には始めにもどる。

② ダ・カーポ (D.C.)
| A | B | C | D ‖　　演奏順序 ▶ A−B−C−D−A−B
　　　Fine　　　　D.C.

③ ダル・セーニョ (D.S.)
| A | 𝄋 B | C | D | E | F ‖ 𝄌 G ‖　　演奏順序 ▶ A−B−C−D−E−F−C−D−G
　　　　　　　　　to 𝄌　　D.S.

④ ダル・セーニョ 1. 2. (D.S.1.2.)
| A | 𝄋1. B | C | D | 𝄋2. E | to 𝄌1.2. F ‖ 𝄌Coda1. G ‖ 𝄌Coda2. H ‖
　　　　　　　　　　　　　　　　　D.S.1.　　　　　　D.S.2.

演奏順序 ▶ A−B−C−D−E−F−C−D−E−G−E−H
※D.C.またはD.S.でもどった時には原則としてリピートはしない。

装飾音符

名称		楽譜上の表記例	実際の弾き方
前打音	長前打音		
	短前打音		
	複前打音		
後打音			

装飾記号

トレモロ（Tremolo） 特定の音を急速に交替反復する奏法

トリル（tr） 主要音とその2度高い音とを素早く交替反復させる奏法

プラルトリラー（⁓） 主要音と2度上の音とでなされる素早い交替

モルデント（⁓） 主要音と2度下の音とでなされる素早い交替

ターン（∽） 主要音の2度上の音から主要音を経て2度下へいき、主要音へ戻る

または

コード

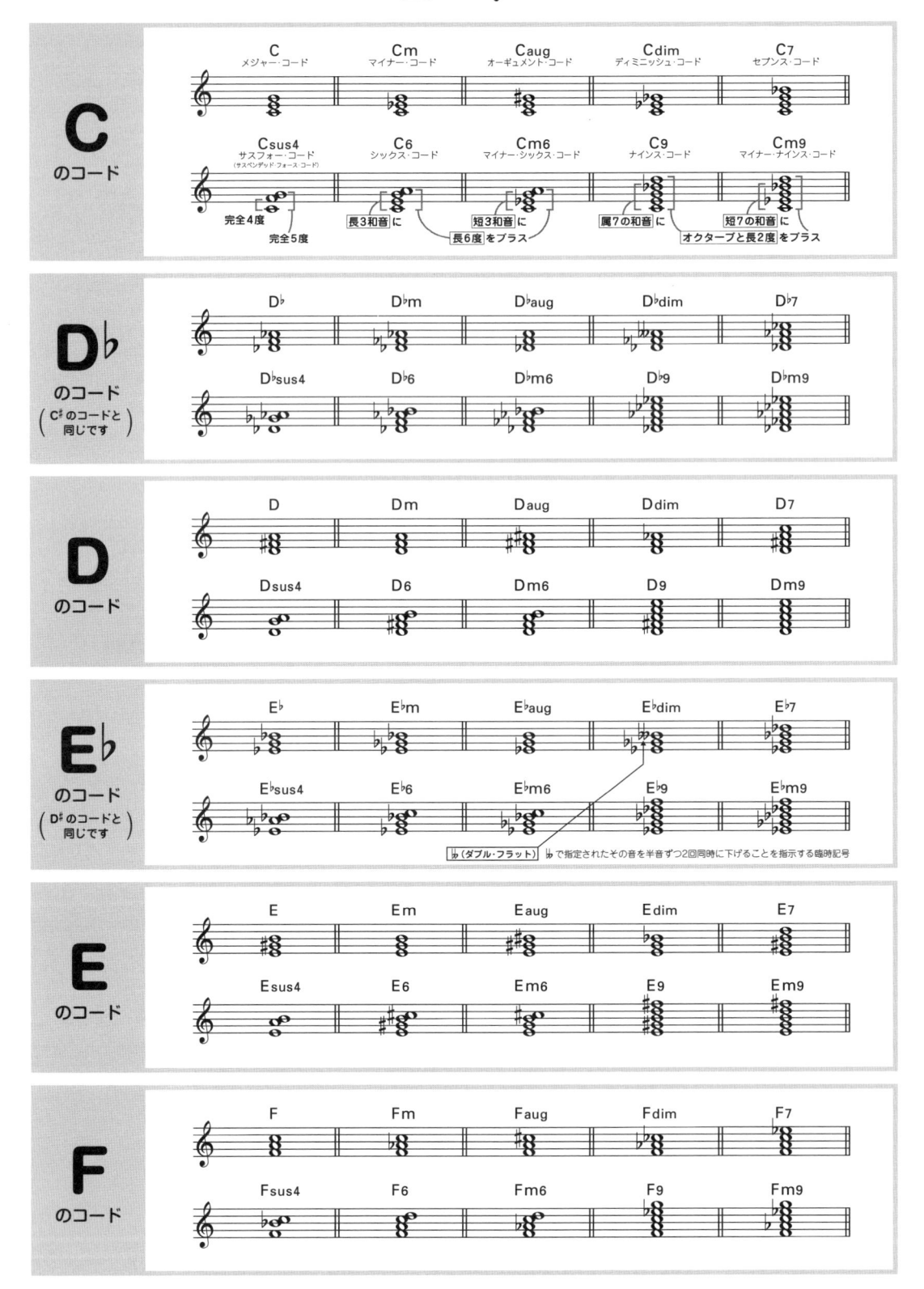

F♯
のコード
（G♭のコードと同じです）

𝄪（ダブル・シャープ）𝄪で指定されたその音を半音ずつ2回同時に上げることを指示する臨時記号

G
のコード

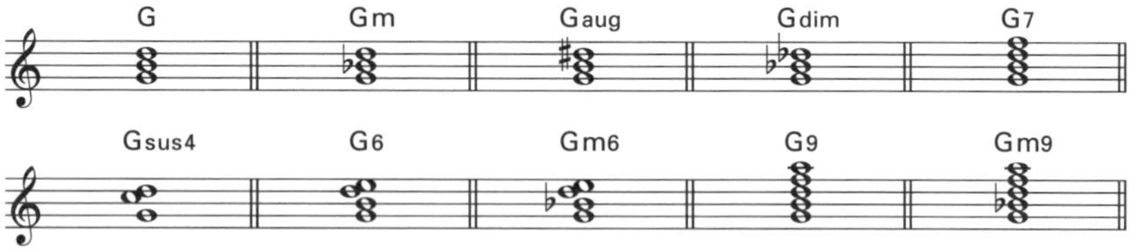

A♭
のコード
（G♯のコードと同じです）

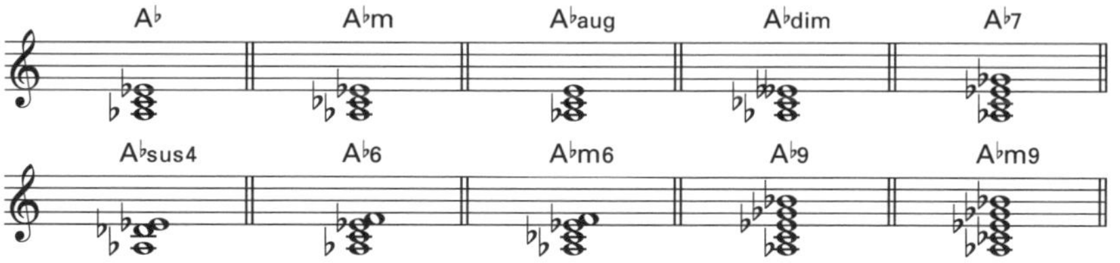

A
のコード

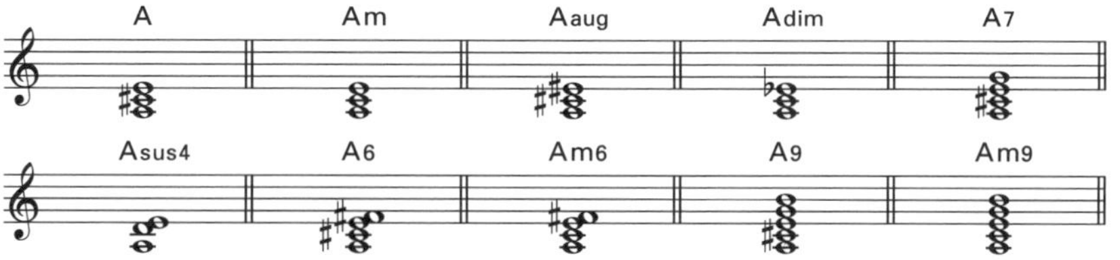

B♭
のコード
（A♯のコードと同じです）

B
のコード

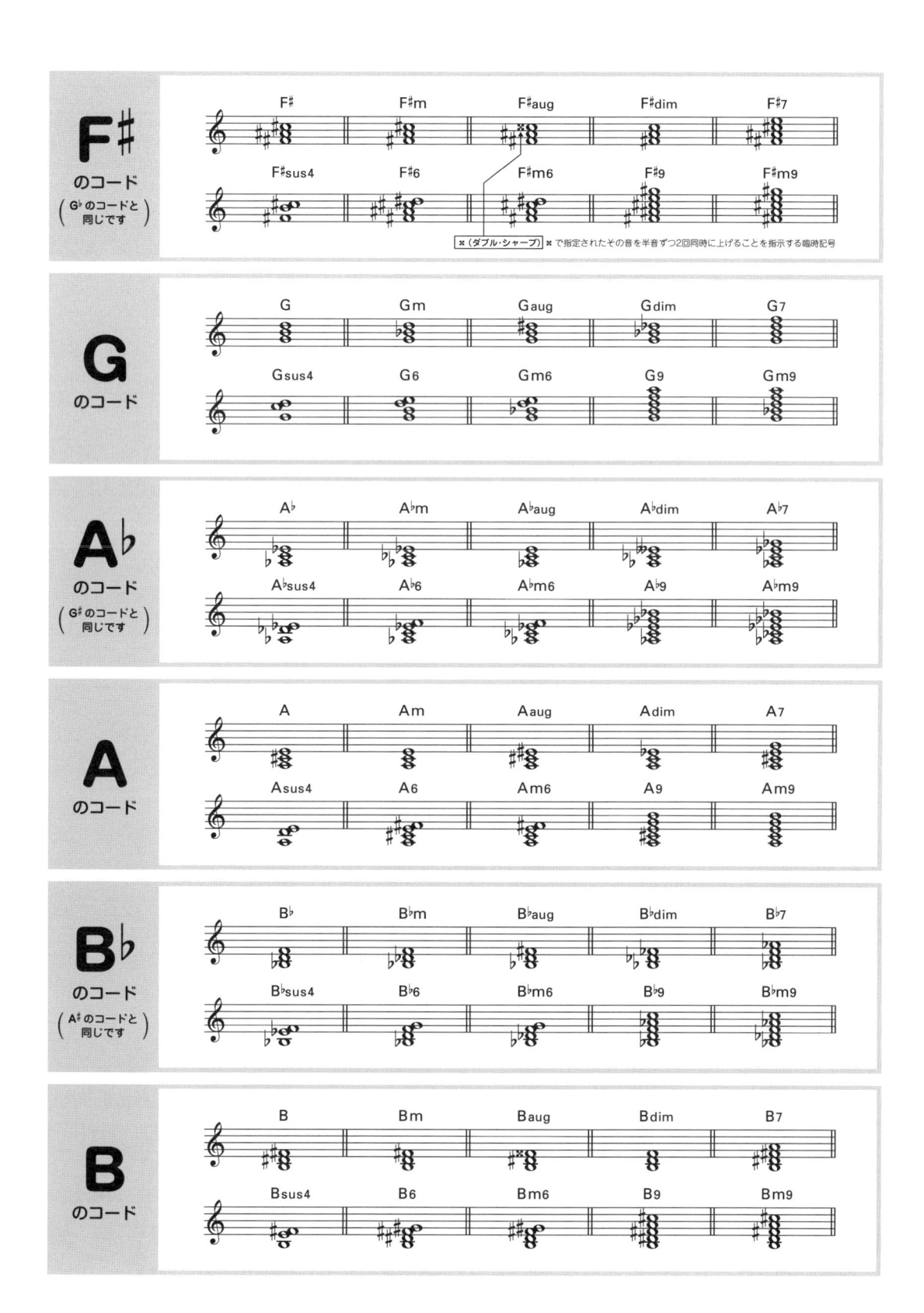

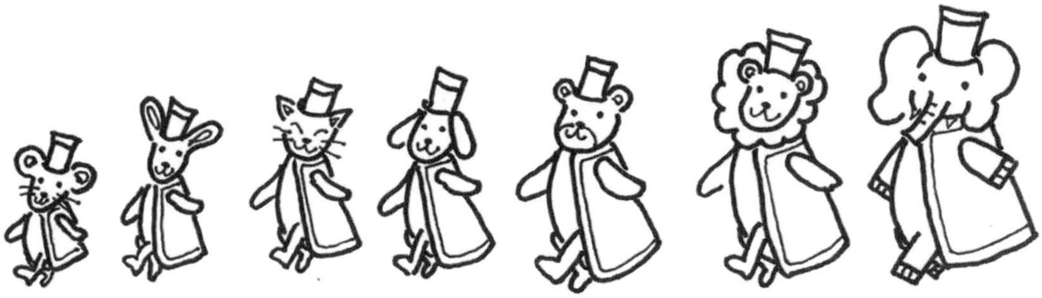

Memo

プロフィール

津布楽杏里（つぶらくあんり）

長野県出身。須坂高等学校卒業、埼玉大学教育学部音楽科を経て同大学大学院修了。
立教学院 立教小学校音楽科教諭を経て、現在、貞静学園短期大学所属。
ピアノ及び伴奏法を海谷 泉、村山順吉、蛭多令子、大場俊一、小林道夫の各氏に師事。
合唱団、声楽家等のピアニストとして多数の演奏会に出演。
童謡を中心とした作曲活動にも力を入れ、自作の曲が軽井沢・大賀ホールにて軽井沢少年少女合唱団によって初演された。
また、中山晋平記念館（長野県中野市）主催公演をはじめ、長野県東御市、関東各地で自作歌曲の発表を行っている。
TIAA MUSIC ENTERTAINMENT より自作歌曲の CD が発売されている。
第45回全東北ピアノコンクール入選。第3回日本演奏家コンクール、ファイナリスト。
第11回 TIAA 全日本作曲家コンクール入選。
日本童謡協会正会員。

桑原章寧（くわばらふみやす）

愛媛県出身。国立音楽大学声楽学科卒業、鳴門教育大学大学院学校教育研究科修了。
現在貞静学園短期大学保育学科准教授として、器楽、リトミック、ソルフェージュ等を指導している。

イラスト・いしはらまり

保育園・幼稚園・児童教育のための
保育・教育の現場で使える! 弾き歌いピアノ曲集

編著者：津布楽杏里（つぶらくあんり）・桑原章寧（くわばらふみやす）
表紙デザイン：成田智子
編　集：奥田知世
発行日：2014年 7月30日初版発行
　　　　2022年11月30日第7刷
発行人：山下 浩
発行所：株式会社ドレミ楽譜出版社
〒171-0033 東京都豊島区高田3-10-10 ドレミ・サーティース・メモリアル4F
［営業部］Tel.03-5291-1645　Fax.03-5291-1646
ホームページ：http://www.doremi.co.jp/
ISBN 978-4-285-14043-9
定価（本体1,800円＋税）

（株）ヤマハミュージックエンタテインメントホールディングス　出版許諾番号　20222788P
（許諾の対象は、弊社が許諾することのできる楽曲に限ります。）

JASRAC 出 1407909-207
（許諾番号の対象は当該出版物中、当協会が許諾することのできる著作物に限られます。）
●無断複製、転載を禁じます。　●万一、乱丁や落丁がありましたは当社にてお取り替え致します。
●本書に対するお問い合わせ、質問等は封書又は〈e-mail〉faq@doremi.co.jp宛にお願い致します。

弊社出版物ご注文方法
楽器店・書店などの店頭で品切れの際は、直接販売店でご注文いただくか、弊社までお問い合わせ下さい。
尚、インターネットでの商品検索・購入も可能です。
弊社ホームページをご覧下さい。
http://www.doremi.co.jp/

皆様へのお願い
楽譜や歌詞・音楽書などの出版物を権利者に無断で複製（コピー）することは、著作権の侵害（私的利用など特別な場合を除く）にあたり、著作権法により罰せられます。また、出版物からの不法コピーが行なわれますと、出版社は正常な出版活動が困難となり、ついには皆様方が必要とされるものも出版できなくなります。音楽出版社と日本音楽著作権協会（JASRAC）は、著作権者の権利を守り、なおいっそう優れた作品の出版普及に全力をあげて努力してまいります。どうか不法コピーの防止に、皆様方のご協力をお願い申し上げます。
株式会社ドレミ楽譜出版社
一般社団法人 日本音楽著作権協会（JASRAC）